Hans Sachs, Heinrich Kábdebo

Die Dichtungen des Hans Sachs zur Geschichte der Stadt Wien

Hans Sachs, Heinrich Kábdebo

Die Dichtungen des Hans Sachs zur Geschichte der Stadt Wien

ISBN/EAN: 9783743635746

Hergestellt in Europa, USA, Kanada, Australien, Japan

Cover: Foto ©ninafisch / pixelio.de

Weitere Bücher finden Sie auf **www.hansebooks.com**

Die

poetiſche

Literatur der Stadt Wien

vom Beginne des XVI. bis zum Schlusse des XVIII. Jahrhunderts.

———————

Nach

handschriftlichen und literarischen Quellen

herausgegeben

von

Dr. HEINRICH KÁB DE BO.

———————

Erste Abteilung:

Die Dichtungen des Hans Sachs zur Geschichte der Stadt Wien.

Wien 1878.

Verlag von FAESY & FRICK, k. k. Hof-Buchhandlung
27 Graben 27.

Die

Dichtungen des Hans Sachs

zur

Geſchichte der Stadt Wien.

Nach

handschriftlichen und literarischen Quellen

herausgegeben

von

Dr. HEINRICH KÁB DE BO.

Wien 1878.

Verlag von FAESY & FRICK, k. k. Hof-Buchhandlung
27 Graben 27.

Vereins-Buchdruckerei in Graz.

Vorrede.

Die poetische Literatur der Stadt Wien, umfang-
reicher als die irgend einer anderen Stadt, bildet von
dem „Mittelpunkte und der Krone altdeutscher Dichtung, unserem grossen Nationalepos", dem Nibelungen-
liede, von den deutschen Minnesängern, die in ihren
Liedern den Hof und die Stadt zu Wien in so anzie-
hender und rührender Weise preisen, bis herab zu den
massenhaften, schwulstigen Lob- und Spott-Gedichten
über die zweite Wiener Türkenbelagerung, bis zu den
überschwänglichen Dichtungen aus der josephinischen
Periode und bis zu Sined's des Barden erhebenden
Gesängen eine stattliche Reihe von Lobsprüchen und
historischen und Gelegenheitsdichtungen, hervorgerufen
durch Elementar, Kriegs- oder sonstige Ereignisse.

So wichtig nun diese Dichtungen für die Geschichte sind, wurden sie doch bisher wenig beachtet;
nur einzelne finden sich im Serapeum, in Hormayr's
Taschenbuch, im Austria-Kalender, in v. Liliencron's
Volksliedern abgedruckt; die Mehrzal derselben ist
nicht einmal dem Titel nach gekannt.

Meine bibliographischen Studien zur Geschichte
der Stadt Wien brachten mir auch reiches, gänzlich
ungekanntes Materiale zur poetischen Literatur dieser

Stadt vom XVI. bis XVIII. Jahrhundert. Von der
Wichtigkeit und Reichhaltigkeit derselben überrascht,
begann ich schon vor langer Zeit die Verarbeitung
dieses Materiales, um so der Herausgabe einer voll-
ständigen Sammlung aller sich auf die Stadt Wien
beziehenden Dichtungen vom XVI. bis XVIII. Jahrhunderte vorzuarbeiten.

Diese Vorarbeiten sind seit zwei Jahren abgeschlossen und ich beginne mit der Publication des
Werkes.

Alle Gedichte der ganzen Sammlung sind, ohne
dass dadurch die chronologische Folge besonders ge-
stört ist, in Gruppen geteilt, deren jede die Dichtungen gleicher Art in sich vereinigt und somit als selbstständiges Ganze ebenso gut, wie als Teil des Ge-
sammtwerkes betrachtet werden kann.

Die erste Abteilung der „Poetischen
Literatur der Stadt Wien", welche zu Gunsten
der folgenden Hefte in der Bogenzal schwächer aus-
fiel, enthält nun die Dichtungen des Hans Sachs zur
Geschichte der Stadt Wien; die zweite Abteilung
umfasst dann die Gedichte der I. Türkenbelagerung;
die dritte wird die übrigen Sprüche und Dichtungen
des XVI. Jahrhundertes, die schon mit dem Jahre 1502
beginnen, und auch noch die wenigen gleichartigen
Beiträge aus dem Anfange des XVII. Jahrhundertes
vereinigen. Als vierte, fünfte und sechste Lie-
ferung folgen die Gedichte, Sprüche und dramatischen
Dichtungen über die zweite Wiener Türkenbelagerung
(1683). Die siebente Abteilung macht uns mit
den Lobsprüchen und beschreibenden Gedichten des

XVI. und XVII. Jahrhundertes bekannt; dann folgt als achter Band die poetische Literatur des vergangenen Jahrhundertes, woran sich eine eingehende Kritik des ganzen Materiales anreihen wird.

Wie nun jeder Band als selbstständiges Ganze erscheint, so tritt auch jedes mitgeteilte Gedicht abgeschlossen hervor und hat seine eigene Besprechung, die sich aber nicht auf eine bibliographische oder literar-historische Bemerkung beschränken, sondern sich auch auf die Person des Autors und auf die von ihm benützte Quelle erstrecken wird.

Für den vorliegenden Band mit den Dichtungen des Hans Sachs und für die nächstfolgenden Abhandlungen sind Nachforschungen in den Hof-, Staats- und Stadt-Bibliotheken und Archiven zu Berlin, Dresden, Hamburg, Madrid, München, Paris, Regensburg, Wien, Wolfenbüttel, Zürich und Zwickau gepflogen worden. Ich kann somit, bei Berücksichtigung der bisherigen ähnlichen Unternemungen mit einiger Ruhe mein Werk der Oeffentlichkeit und Kritik überweisen, wiewol ich mir dessen Nachteile schon jetzt vollkommen bewusst bin. So wird der Literarhistoriker daran Anstand nemen, dass ich mich nicht immer an die älteste Fassung der Gedichte hielt, wie auch, dass ich keine Lesearten bot. Doch man verkenne den Standpunkt dieses Unternemens nicht, der nicht jener der Literatur- sondern der Culturgeschichte ist. Immerhin aber werde ich in der zweiten Auflage des Buches, die sich, Dank der grossen Theilname, schon jetzt als nöthig erwies, diesen von mir selbst gefühlten Uebelständen abhelfen.

Es freut mich, hier einigen Herren öffentlich meinen Dank für Ihre freundliche Unterstützung sagen zu dürfen, und zwar zunächst Herrn Dr. Rochus Freiherrn v. L i l i e n c r o n in Schleswig, Herrn Geheimrath Dr. Adalbert v. K e l l e r in Tübingen, Herrn Professor V ö g e l i in Zürich, Herrn Custos Dr. A u m e r in München, endlich den Herren: Oberlandesgerichtsrath Dr. Carl Ritter v. L u c a m, Dr. Alexander N a v a und Dr. Jacob W a r t o n in Wien.

Der einzige Wunsch, der mich bei dieser immerhin mühsamen Arbeit beseelte, war der, dass jene schlichten Lieder und Sprüche, die aus dem Volke hervorgegangen, wieder zum Teile im Volke Eingang finden mögen; ist ja doch das Volkslied jene Geschichtsquelle, welche am eindringlichsten zum Volke spricht und welche ihm die ruhmreichen Thaten seiner Vorfahren, die wichtigsten Ereignisse der Vergangenheit mit Leichtigkeit im Gedächtnisse behalten lässt.

W i e n, im Februar 1878.

Dr. HEINRICH KÁB DE BO.

Inhalt.

— ◆✖◆ - — —

I.

Hiſtoria Der Tůrckiſchen Belågerung der ſtatt Wien, mit handlung beyder theyl, auff das Kůrtzeſt ordentlich begriffen.

II.

Hyſtoria Ein Tyranniſche that deſſ Tůrcken vor Wien begangen.

Als nach 23tägiger fruchtloser Belagerung der Stadt Wien Kaiser Suleiman am 16. October 1529 schimpflich von dannen gezogen war, verbreitete sich die Kunde dieses frohen Ereignisses mit grosser Schnelligkeit im ganzen Reiche. Allerwärts verlangte man Berichte über die Geschichte der Belagerung, und Buchdrucker, Formschneider und Briefmaler hielten Rundschau nach passenden Erzählungen und Bildern.

Der Nürnberger Formschneider und Buchdrucker, Nicolaus Meldeman, erbat sich auch von seinem Rathe die Erlaubnis zur Herausgabe eines die Belagerung vorstellenden Bildes und reiste sofort nach Wien, wo es ihm wirklich gelang, von einem uns unbekannten Maler eine äusserst interessante Aufname zu erhalten. Kurz vor seiner Ankunft war nämlich daselbst eine Geschichte der „Belagerung der Stadt Wien" vom Kriegs-Secretär Peter Stern von Labach erschienen; Meldeman schaffte sich dieselbe an, erkundigte sich nach weiteren in diesem Büchlein nicht enthaltenen Episoden, vermehrte dadurch die Aufzeichnungen des Stern von Labach und kehrte nach Nürnberg zurück, wo er im nächstfolgenden Jahre seine schon öfter beschriebene Rundansicht der Stadt Wien während der Belagerung, sowie den vermehrten Bericht des Stern von Labach herausgab.

1*

Da Hans Sachs schon früher verschiedene Holzschnitte des Meldeman mit erklärenden Reimen versehen und, wie wir noch hören werden, 1530 abermals eine Folge von solchen Gelegenheitsbildern mit seinen Versen geziert hatte, so kann ein freundschaftliches Verhältnis dieser beiden Nürnberger Bürger angenommen werden, wobei sich uns die Vermuthung aufdrängt, dass Meldeman, als er Mitte December glücklich mit den in Wien gesammelten schätzbaren Materialien in Nürnberg angelangt war, dem Freunde, von dem ja bekannt war, dass er sich für alle Erscheinungen der Literatur und speziell der Historiographie interessierte, das Büchlein des Stern von Labach zur Durchsicht übergab.

Ausführlichere Berichte über die Belagerung Wiens fehlten um diese Zeit noch in Nürnberg; wol war „bei dem Petreo" eine Broschüre der „Turckhen belegerung der statt Wien" erschienen, aber diese ungemein trockene und knappe Aufzählung der wichtigsten Tagesereignisse konnte unserem Dichter zu einer poetischen Bearbeitung keinerlei Anregung bieten.

Als daher Hans Sachs, sei es durch Meldeman oder auf andere Weise in den Besitz der Stern von Labach'schen Relation gelangt war und bei deren Durchsicht die interessanten Episoden der Belagerung kennen gelernt hatte, mag sich in ihm das Verlangen geregt haben, den dankbaren Stoff in ein poetisches Gewand zu hüllen, und so wie er immer schon wenige Tage nach der Durchlesung eines Werkes dessen Inhalt versificiert hatte, so hatte er auch bereits am 21. December 1529 den Stern von Labach'schen

Bericht zu dem 400 Zeilen umfassenden Gedicht: „Historia Der Türkischen Belägerung der statt Wien, mit handlung beyder theyl, auff das kürtzest ordentlich begriffen" ausgearbeitet.

Als Originaldruck kam dieses Gedicht nie heraus, denn Hans Sachs bestimmte damals den grössten Teil seiner Dichtungen nur für einen begränzten Leserkreis und vervielfältigte sie daher durch Abschriften; auch waren um dieselbe Zeit in Nürnberg durch Jobst Gutknecht, sowie Friedrich Peypus zwei dasselbe Thema behandelnde, in Form und Sprache recht gelungene Dichtungen gedruckt und verausgabt worden, wodurch sich der Drucklegung, respective dem wünschenswerten Absatze seines Gedichtes Bedenken entgegengestellt hätten.

Wir finden also diese Dichtung zuerst in der Ausgabe der gesammelten Werke des Hans Sachs, die 1558 erschien; in diesem Buche treffen wir aber auch das Gedicht: „Ein tyrannische that des Türcken vor Wien begangen", welches ebenfalls eine aus der Relation des Stern von Labach entnommene Episode der Belagerung in einfacher, treuer Erzählung wiedergibt.

Dieses letztere Gedicht unterzeichnete der Verfasser: „Anno Domini MDXXXIX am 24 Tag Decembris", mit welcher Jahreszahl es in alle späteren Ausgaben übergieng; ich möchte aber dieselbe anzweifeln, denn was hätte den Meister zehn Jahre nach der Belagerung zur Abfassung eines sich auf den gleichen Gegenstand beziehenden Gedichtes bestimmt? Die Einrichtung

unserer Zeit — die Jubelfeste kannte man damals
noch nicht, und so bedeutungsvoll auch das Ereignis
im Jahre 1529 für ganz Deutschland gewesen, zehn
Jahre darnach war die Erinnerung daran zweifellos
schon eine geschwächte. Und warum hätte sich der
Dichter gerade in den letzten Tagen des December s
1539 an Wien's Gefahr vor einem Jahrzehnt erinnert?
Hatte ja doch die Belagerung am 21. September begon-
nen und am 16. October ihr Ende erreicht. Es ist also
die Annahme begründet, Hans Sachs habe unter dem
Eindrucke, welchen Peter Stern von Labach's Relation
auf ihn machte, drei Tage nach der Abfassung seines
ersten Gedichtes, am 24. December 1529, dieses
zweite niedergeschrieben, so dass wir hier einem Schreibfehler begegnen — und Schreibfehler sind ja dem
Dichter öfters nachzuweisen. So hatte er in dem nach-
folgenden Gedichte (Nr. 1) Zeile 25: drei- statt vier-
undzwanzigsten, Zeile 149: vier- statt siebenund-
zwanzigsten gesetzt — Fehler, die ihm bei seiner
grossartigen Productivität zu verzeihen sind.

Ich kann es nicht unterlassen, auf die Stern
von Labach'sche Relation hinzuweisen, denn erst eine
genaue Vergleichung des Originaltextes mit des Dichters
poetischer Darstellung lässt uns den Wert derselben
erkennen und überzeugt uns von der schlichten, unge-
zwungenen und treuen Wiedergabe, die, wenn auch
einer künstlerischen Behandlung baar, uns gerade
durch ihre Natürlichkeit, Treue und durch die in den
Schlusssätzen zum Ausdrucke gebrachten Hoffnungen
und Wünsche in besonderer Weise anzieht.

I.

Historia Der Türckischen Belägerung der statt Wien, mit handlung beyder theyl, auff das Kürtzest ordentlich begriffen. *

Anno 1529.

Als man zehlt fünffzehn hundert jar
Darzu neun vnd zwantzig fürwar
Nach des Herren Christi geburt,
Von dem türcken belegert wurd
5 Die namhafftig statt, wien genant,
An der Tonaw im Osterland,
Gantzen Osterreichs die hauptstatt,
Die Slavius erbawet hat.
Was da außricht das türckisch heer,

---

* Das Gedicht ist abgedruckt:

A. Originalausgabe v. J. 1560. Bd. I. Bl. CCVIII. f.

B. v. J. 1589 Bd. I. (2) Bl. 153 f.,

C. Kemptner Ausgabe v. J. 1612. Bd. I. S. 417 ff.,

D. v. Liliencron: Volkslieder III. S. 587. Nr. 412.,

E. v. Keller: Hans Sachs II. (103) pag. 408 f.,

F. v. Cámesina: Fliegende Blätter. (S. Mitteilungen des Wiener Altertums-Vereins 1875 S. 110 ff.)

Hier zunächst nach C. abgedruckt.

Quelle: Belegerung der Stadt Wienn, jm jar, Als man zallt nach Christi gepurt, tausent fünffhundert vnnd im newn und zwaintzigisten beschehen kürtzlich angetzaiget. 4°, 4 Bogen ohne Paginierung. (S. meine Bibliographie der Türkenbelagerungen Wien's pag. 1.)

10 Dergleich die statt mit gegenwehr,
Wie, wo vnd wann das als geschach,
Wird euch kürtzlich erzehlt hernach.
An dem zwey vnd zwantzigsten tag
Deß Hewmonats,* fürwar ich sag,
15 Wurd Wien die statt vor obgenent
Mit viel tausent pferden berent
All vmbligend flecken durchschweyfften
Sein hussern grausam durchstreyfften;
Drey tage dieses brennend werd.
20 Doch seind vnser gereysig pferd
Täglich zu jhn gefallen nauß,
Gescharmützelt in manchem strauß,
Auch brend man auß in mitler zeit
Vmb Wien die vorstät weit vnd breit.
25 Den vier vnd zweintzigsten tag gemein**
Schickt der türck vier gfangen hinein,
Daß man die statt ihm solt auffgeben,
Sichern wolt er sie leib vnd leben.
Zuhand do hielten einen rath
30 Herren vnd hauptleut in der statt,
Hertzog Philips Pfaltzgraf vom Rein
Herr Niclas Graf von Salm fein
Vnd auch Herr Hans Graf von Hardeck,
Ein ritter von Reischach: Herr Eck,
35 Vnd ander Herren vngenand;
Entschlossen sich einig allsand,

---

* Sollte dies ein Irrtum des Dichters sein, oder unter Heu-
monat auch September zu verstehen sein?
** Geschichtlich und auch nach der Relation des Stern von
Labach sollte es hier „drei und zwanzigsten" heissen.

Die statt mit nichten auffzugeben,
Sonder drinn wagen leib vnd leben,
Erst griff man ernstlich zu der sach,
40 Die statt war an ihr∙ selber schwach,
Alle statthor verpolwerckt wurn;
Dann außgenommen der saltzthurn,
Ließ man offen zu dem außfallen.
Kein glocken höret man mer schallen,
45 Auch teilet man auß die quartier
Den hauptleuten wider vnd für
An den mawern, thürnen vnd thoren;
Die plätz auch da verordnet woren,
Darauff ein jedes fänlein trat,
50 So man schlug lermen frü vnd spat.
Die bichsenschützen man bestelt
Vnd die Hispanier erwelt
Man auff die mawer zu den zinnen.
Die grossen bichsen als bald innen
55 Auff die thüren gezogen wurn,
Der meist teil auff den Kerner thurn,
Verordnet wur fleisch, wein vnd brot
Genugsamlich in jede rott
Und was gehöret zu Kriegsstand,
60 Das ward verordnet alles sand
Gar ordenlich in kurzer eil.
Als dem türcken in solcher weil
Die statt kein ander antwort gab,
Zuhand der türck in dem vortrab
65 Bei viertzig taufent pferden sand
Weit vnd breit hinauff in das land
Ob der ens, auff die stewermarck.

Da haben die huſſern arg
All fleck durchſtreifft, verwüſt, verbrend,
70 Weiber vnd jungfrawen geſchend,
Wie man noch find die todten leiber.
Auch ſchnittens auf die ſchwangern weiber,
Die Kinder auff die ſpieß ſie ſteckten
Vnd ſie auff gen dem himmel reckten,
75 Darob ein Chriſtenmenſchen grauſet.
Auch erwürgten ſie etlich tauſet,
Auch fürtens etlich tauſent hin
Recht als das vieh triebens mit in.
Als dieſer jamer gewert hat
80 Zu rings herumb vmb Wien die ſtatt,
Auffwaerts der Thonaw fünffzehn meyl,
Nun deß monats in groſſer eyl
Am ſechs vnd zweintzigſten tag da bracht
Der türck ſein gantze heeresmacht,
85 Für Wien auff waſſer vnd auff land,
Ringsweiß ſich lägert alles fand.
Es waren zwo meyl berg vnd thal
Voll zelt geſchlagen vberal;
Die läger auff S. Steffans thurn
90 Mit nichte vberſehen wurn.
Deß Keyſers läger das war vor
Sanct Marxen, bey dem ſtubenthor
Biß auff ſchwechet vnd dutmandorff
Ein ſchantz man in der mitt auffworff,
95 Darhinder waren frey geſtelt
Dreyhundert ſtück feldgſchütz erwelt,
Zuwarten auff ein ſchlacht all tag,
Vnd in der mitt der Keyſer lag

Auff einem schönen weiten plan,
100 Darauff manch köstlich zelt war stan,
Innen geziert mit güldin stücken
Darauff manch güldin Knopf war blicken,
Mit seyden stricken auffgezogen,
Seiner trabanten mit handbogen,
105 Fünffhundert gerüst vmb jhn warn
Vnd bey zwölff taufent Janitscharn,
Die all warten auff seinen leib.
Vnd Jbraim Wascha der bleib
Mit seim läger von der thonaw
110 Biß auffs Wiener gebirg genaw.
Sein ander hauptleut vnd Wascha
Vnd Wascha auß Natalia,
Wascha auß Waffen, Schmedrai
Vnd auch der Wascha Meftraßki, °
115 Hetten ihr läger nach leng vnd zwerg
Hinauff biß an den Kalenberg,
Vnd die Naffern find gelegen
Neben dem waffer hinab gegen
Nußdorff; also des türcken volck
120 Ringsweiß vmbniblet wie ein wolck,
Ihr zal was man auff Kundschafft han
Auf dreymal hundert taufent mann.
Als nun der türck ward wol empfangen
Mit Kartaun, falckonett vnd schlangen,
125 Vnd er mit seinem gantzen heer
Merckt also krafftig gegenweer
Mit schießen von dem Kernerthurn,
Zuhand von jhm verordnet wurn

* B. Mestarsski.

Etwas bey zweinßig taufent mann,
130 Ruckten in die vorftatt hinan
In das verbrennet haußgemewer,
Dadurch fie fchoffen vngehewer
Tag vnde nacht mit halben backen,
Die Knecht von der mawer zu zwacken,
135 Durch kleine löcheln auff vnd nider.
Sie mocht man treffen nicht hinwider;
Mit fchießen warens gefchwind vnd rund,
Viel teutfcher Knecht giengen zu grund.
Auch aufferhalben der vorftatt
140 Der türck fein gfchüß gelägert hat,
Damit fie auch der ftatt zubliefen.
Auch thetens mit handbogen fchießen,
Als ob vom himmel fiel der fchnee,
Auff einmal taufent oder mee;
145 Steckten noch vol die Köcher all!
Alfo ward vnfer volck zumal,
Abtriben von der zinnen wehr,
Ihr keiner dörfft fich blecken mehr.
Am vier vndzwanßigftn tag von fern *
150 Bey fünffhundert fchiff mit Naffern
Im waffer auffgefahren fend
Vnd die zwo brucken abgebrend,
Das waffer befeßt, eingenommen,
Daß der ftatt nichts mehr zu möcht kommen.
155 Mit den hielt man wol ein fcharmüßel
Wiewol man gegen ihn fchuff gar nüßel,
Dann fie die flucht gaben im Feld,

* Sollte eigentlich den sieben und zwanzigsten heissen.

Schlugen jhr läger vorgemelt,
Auff den tag fielen hinauß schlecht
160 Etwan bey drithalb taufent Knecht,
In der vorstat erschlugen sehr
Zweyhundert türken oder mehr.
Als nun der türck hett klein geschoß,
Darunter mit Kartaunen groß,
165 Die Stattmawer zum sturm zuschießen,
Hat er sich ander dück befliessen
Vnd hat heimlichen angehaben,
Die stattmawer zu vntergraben,
Erstlichen bey dem Kernerthurn.
170 Die Knecht auch gegen graben wurn;
Die türcken wurden abgetrieben
Vnd etlich thunnen pulver blieben
Im loch. Also die landsknecht haben
Jhn oftermals entgegen graben,
175 Daß sie zusammen auff der mitt
Offt kommen sein biß auff ein schritt.
Als nun das graben wert so hefftig
Wurden die hauptleut gar geschefftig,
Am sechsten tag im weinmonat,
180 Schickten acht taufent auß der statt
Zu dem saltzthurn auß, zujagen
Die türcken von der schantz, zuschlagen
Auß der vorstatt von ihrem graben.
Die Knecht sich in die vorstatt gaben,
185 Erwürgten viel türcken, auch vor
Dem burgthor vnd dem Kernerthor,
Die Knecht zogen in einer eng,
Da schoß zu ihn der türcken meng,

Durch das gemewer hin vnd wider,
190 Schossen zumal viel Knecht darnider,
Drey hauffen türcken auff sie rendten,
Also die Knecht sich wider wendten,
Mit grossem dreng die fluchte gaben,
Viel wurden drungen in stattgraben.
195 In weinmonat am neundten tag
Der türck die mawer sprengen pflag
An zwey orten beym Kernerthor
Bey S. Claren fast vmb zwey ohr,*
Thet etlich Klaffter weit ein fal.
200 In dem zersprengen allemal
Der türck ein gewaltigen sturm
Antretten ließ nach Krieges furm;
Die wurden ritterlich abtrieben.
Der türcken sehr viel tod belieben,
205 Vnd was für türcken man vmbbracht,
Vergruben sie all bey der nacht.
Nach dem die eingefallen mawer
Verbolwerckt wurd ohn alles trawer;
Hauptleut vnd Knecht tag vnde nacht
210 Haben gwaltig darbey gewacht,
Dergleich verbawet vnd vergraben,
Was die Kriegsherren jhn fürgaben.
Viel Kolben macht man zu dem sturm
Mit eyssren zencken nach altem furm.
215 Kein rhu was jhn mehr allen sandern,
Ein lerman hett man vbern andern,
Als dann lieff man gerüst zum hatz,

---

* Uhr.

Ein jedes Fänlein auff fein platz,
Vnd wo die not dann war am gröſten,
220 Verordnet man die aller beſten.
Am zwölfften tag in dem weinmon
Vor mitten tag war fallen thon
Ein groſſer theil der ſtattmawer nider
Gleich neben dem Kernertburen wider
225 Gegen dem ſtubenthor abwartz.
Da ward auffgebn ein rauch kolſchwartz
Von pulver gar an manchen orten
Vmb die ſtattmawer vnd den pforten,
So der türck mit ſeim vntergraben
230 Die mawren wolt zerſprenget haben,
Das Gott mit gnaden vnterfing,
Daß ſein anſchlag nicht für ſich gieng.
Zuhand bey dem zerſprengten loch
Stunden die landsknecht frölich doch,
235 Mit ihrem auffgerecckten fannen
Gleich den vnverzagten mannen
Vnd warten auff des türcken ſtürmen
Mit ſpieſſen, Kolpen jhn zu fürmen,
Im harniſch mit gewehrter hand.
240 Deß türcken volck hett kein beſtand
Vnd wich bald hinter ſich zurück;
Zu ſtürmen hettens kein gelück.
Da ſah man nauß auff manchem thurn,
Das die türcken getrieben wurn,
245 Von jhren waſchen mit gewalt
Mit Saybeln, Brügeln jüng vnd alt
Auß jhren hütten vnd gezelten,
Auß den weinbergen vnd den wälden,

Daß sie anlauffen, stürmen solten
250 Daß sie sich ärßten, vnd nicht wolten.
Also dem türcken man zuschoß
Mit allem geschütz klein vnd groß.
Der türck floch vnd wolt stürmen nicht.
In mitler zeit er doch anricht
255 Ein büchsen auff den Kernterthurn;
Die zinnen abgeschossn wurn
Mit steinkugeln gar treffenlich,
Auff das die büchsenmaister sich
Nit lenger darauff mochten retten.
260 Eylend sie wider machen theten
Ein hölzen polwerck bey der nacht,
Das man darhinder schiessen macht.
Viel büchsenmeister auff dem thurn
Mit handrohren erschossen wurn.
265 Nach dem hat sich der türck, ich meld,
All tag zu stürmen gschickt im Feld;
Auch waren wir durch Kundschafft han,
Er wurd ein gewältig sturm than
An allen orten vmb die statt
270 Mit allem fußvolck, das er hat
Vnd mit seim gereysing halbtheyl
Würd er versuchen all sein heyl.
Vnd als sich das so lang zutrug.
Da forcht man deß türcken betrug;
275 Derhalb viel murblung sich begaben,
Er wurd ein durch die Keller graben,
Sich heimlich in die statt eindrengen
Oder die plätz mit pulver sprengen.
Darauff die Knecht in ordnung stunden,

280 Dergleich die türcken schiessen gunden
In die statt sehr viel fewer pfeil.
Verätherey forcht man zu weil,
Als man auch ward drey bößwicht finden,
Die Wien die statt wollten anzünden,
285 Die dann der türck bestellet het,
Die man darnach viertheilen thet.
Derhalb wacht man in grossen sorgen
All augenblick abend vnd morgen,
In ordnung stund man tag vnd nacht.
290 Am vierzehenden tag mit macht
Siengen die Seind zu schiessen an
Viel mehr, denn sie vor hetten than,
Vnd in die nacht vmb die neun vhr
Der türck gar mit großer aufruhr
295 All seine läger, die er hat
Im Seld vnd auch in der vorstat,
Die ließ er alle zünden an
Mit grossem gschrey von weib vnd mann,
Nemblich seiner gesangen Christen,
300 Die nun mehr kein erlösung wisten,
Auff die sie lang gehoffet hetten,
Der sie ohn zal erwürgen theten,
Und also eylend schnell darnach
Mit seinem gantzen heer auff brach
305 Bey eitler nacht vnd lerman schlug.
Da hielt ob deß türcken abzug
Ibraim Wascha zu voran
Zu roß mit sechtzig tausend mann,
Mit andern hauptleuten, ich sag.
310 Das weret fast den gantzen tag;

2

Ein hauffen nach dem anderen flog,
Also der türck vor Wien abzog.
All glocken fieng man an zuleutten.
Darmit den friden zubedeuten,
315 Die seytenspil gehöret wurn
Mit frewden auff S. Stephans thurn;
Auch ließ man abgehn das geschoß.
Deß türcken volck nam schaden groß,
Vnder den wurd erschossen da
320 Der Wascha auß Natalia.
Also der türck von Wien sich wend
Vnd nam sein belägerung ein end;
Mit jhm führt er ein reiche beut
An gelt, gewand, an vieh vnd leut,
325 Das man erbärmlich vor was jagen.
Was nit mocht volgen, wurd erschlagen,
Als man dann jetzt find vmb vnd vmb
Von allem vieh ein große sumb,
Den all die Köpff seind abgehawen;
330 Dergleichen ohn zal man vnd frawen
Ligen jetzund auff straß vnd felden,
In weingart, bergen, thal vnd wälden.
Die Kind find man an zaunen stecken
Darob ein fromb hertz möcht erschrecken;
335 Die todten Knecht find man zerschnitten
In leib nach ihrer Kleyder sitten,
Den allen wöll Gott gnedig sein!
Also habt ihr hie ins gemein
Auffs aller Kürtzest diesen handel,
340 Deß türcken tyrannischen wandel,
Wie er in drey vnd zweintzig tagen

Stat Wien in Oesterreich thet plagen,
Dergleichen das volck auff dem land
Mit mörden, rauben vnd mit brand.

345 Darob er doch viel schadens nam ;
Seines volcks jhm ohn zal vmbkam
Von stürmen, scharmützel vnd schiessen,
Gefangen, die sie köpffen liessen
Ohn ander, die im heer jhm sturben ;

350 Viel roß, camel jhm auch verdurben.
Lob sey dem ritterlichen heer,
Das in der statt hielt gegenweer,
Der vber zwantzig tausent nit wassen,
Dem türcken doch so dapffer sassen,

355 In einer vnuerwarten statt,
Wie jedermann gut wissen hat ;
Noch sah man kein verzagten mann,
Wann der türck wolt an sturm gan.
Der statt sie auch allein nicht hielten

360 Zu stürmen, scharmützel verwilten,
Sonder sich nach abzug wagten,
Dem türcken mercklich peit abjagten,°
Von gefangnen Christen, weib vnd Kinden,
Waren ritterlich vberwinden

365 Viel der türckischen rotten groß,
Brachten türcken, camel vnd roß
Gefenglich hinein in die statt.
Derhalb jhr ritterliche that
Gar billich wer zu preysen mehr,

370 Jedoch sei Gott voran die ehr,
Der seinem volck gab in dem Krieg

---

* Beute abjagten.

Die vberwindung vnd den ſieg.
Dann, wo Gott nit die ſtatt behůt
Durch ſein gnad vnd miltreiche Gůt,
375 So wachet der wächter vmbſunſt,
Verloren iſt all ſterck vnd Kunſt,
All Krieges zeug, köſtlich geſchoß,
All Krieges volck zu fuß vnd roß;
All anſchläg fehlen in dem Krieg,
380 Wo Gott nicht ſelber gibt den ſieg.
Derhalb zu dir, ewiger Gott,
Schreyen wir Chriſten in dieſer not,
Halt vns in vätterlichem ſchuß
Durch die reich vergieſſung deß bluts
385 Chriſti deines eingebornen ſuhns,
Wellicher willig ſtarb für vns.
Behůt vns gnedig allezeit
Vor dieſem feind der Chriſtenheit,
Dem tůrcken, blutdůrſtigen hund,
390 Durch welches bodenloſen ſchlund
Viel Königreich verſchlunden ſend.
O Gott, ſein wůten von vns wend,
Das er dein Chriſtenliches erb
Auch nicht an leib vnd ſeel verderb,
395 Sonder ſchůt auff in deinem grimm,
Leg ein ring in die naſen jhm,
Als dem König Senacherib,
Den dein hand von deim volck abtrib,
Das die ehr deins namens auffwachs
400 Das begert zu Nürnberg Hans Sachs.
Anno Salutis, MDXXIX Am 21 Tag Decembris.

II.

Hystoria. Ein Tyrannische that deß Türcken, vor Wien begangen. *

Vernembt ein Tyrannische that,
So der Arg Türck begangen hat,
Nach dem er Wien berennen ließ
Am drey vnd zweintzigsten Septembris,
5 Als seine Hussern vmbschweifften,
Märck vnd dörffer graufam durchstreifften,
Weib, mann vnd Kind zu tod gestochen.

* Abgedruckt:
A. Originalausgabe v. J. 1560. Bd. I. p. CCVII f.,
B. v. J. 1589. Bd. I. (2) Bl. 152.,
C. Kemptner Ausgabe v. J. 1612. Bd. I. 415 f.,
D. v. Liliencron l. c. III. S. 592. Nr. 413.,
E. v. Keller l. c. 2. (103) S. 404 f.,
F. v. Camesina l. c. S. 114.
Hier nach C. abgedruckt.

Nach dem Register der Zwickauer Handschrift stand dieser Gesang im dritten Buche der Sprüche Fol. 90. Eine Abschrift des Gedichtes (Plagiat) findet sich im Cod. germ. 3633 der Münchner Hof- und Staatsbibliothek mit dem Schlusse:

Von dem vnns hilff und schutz erwachs Alleine,
Begert mit Allen auch Helias Khaine.

Quelle: Belegerung der Stadt Wienn, jm jar, Als man zallt nach Christi gepurt, tausent fünffhundert vnnd im newn und zwaintzigisten beschehen kürtzlich angetzaiget. 4º, 4 Bogen ohne Paginierung. (S. meine Bibliographie der Türkenbelagerungen Wien's pag. 1.)

Daß aber jhm das wurd gebrochen,
Wurden in der statt außgesundert
10 Gerüster pferd biß in fünffhundert,
Waren zum stubnthor außgelassen,
Dem feind zu wehren die landstrassen.
Mit den sie traffen im anfangk;
Jedoch war jhr nachdruck zu krank,
15 Dann zehen waren wol an ein,
Derhalb war jhr scharmützel klein,
Dardurch die flucht sie eylend namen.
Der vnsern reuter drey vmbkamen
Vnd siben wurden ihr gefangen,
20 Dies in der flucht theten erlangen,
Die führtens gfenglich mit jhn weck,
Bey den Grafen Hansen von Hardeck
Senderich Christoff Zeitliß was.
Die drey tod Köpfftens an der straß,
25 Vnd vier arme auß dem siechhauß
Bey S. Marxen, zogens herauß
Vnd hawten jhn die Köpff auch ab.
Den siben reutern man sie gab,
Auff jeden spieß ein Kopff gesteckt
30 Musten sie tragen auffgereckt
Hinein das läger in dem feldt
Hin für das Keyserliche zelt,
Das als von gülden stücken was
Vmbhengt, darinn der Keyser saß.
35 Als sie dem zelt nun kamen nach,
Er die siben gefangen sach
Die todten haupt an spiessen tragen.
Ließ ers durch ein dolmetschen fragen,

Ob die Herren vnd die befoldten
40 Die ftatt jhm nicht auffgeben wolten?
Sie fprachen: „Es fteht ihr begerd
Zu wehren, weil jhr leben werd.‘‘
Die red verdroß den türcken argk;
Zum andern, fraget er wie ftarck
45 Die ftatt mit volck befeet wer?
Sie antworten jhm: „Ohn gefehr
Bey zweintzig taufent landsknecht werd
Vnd zwey taufent gerüfter pferd.‘‘
Vnd zu dem dritten fraget er,
50 Wo ihr König im lande wer?
Sie antworten: „Zu Cintz mit heyl,
Vmb Wien, auff vier vnd zweintzig meyl.‘‘
Der Keyfer fprach: „Ich fuch jhn gleich,
Ob er wer mitten in dem reich!‘‘
55 Zum vierdten er fie frag anwend:
„Was hat man die vorftätt verbrendt
Vnd fo viel armer leut gemacht?
Sie werden doch mit jhrem pracht
Darumb erhalten nicht allein
60 Die ftatt, dann fie ift gewifflich mein.‘‘
Als nun frag, antwort war ergangen,
Hatt er auß den fiben gefangen,
Den Sendrich deß lebens gefreyt,
Mit feyden gülden ſtück bekleydt;
65 Deß andern tags auch vier dermaſſen
Auff den fiben ledig gelaffen,
Jhr jedem drey türckifch ducaten
Gefchencket vnd nach diefen thaten,
Die vier reutter gefchicket hat

70 Hinein gen Wien wol in die ſtatt,
   Da ſollens zu den Herren gehn,
   Den Krieges Comiſſarien
   Von ſeinetwegen ſagen ſollen,
   Ob ſie die ſtatt auffgeben wollen
75 Freywilliglichen auff den tag,
   So wöll er als dann ein vertrag
   Annemmen mit den Herren vor
   Dem läger bey dem ſtubenthor,
   Er wöll auch von dem volcke ſein
80 Niemand laſſen in dſtatt hinein,
   Dergleich herauſſen auff dem land
   Soll ſein gantz heer ſchaden niemand.
   Vnd wo ſie die ſtatt nicht auffgeben,
   Sollen ſie von ihm wiſſen eben,
85 Daß er gar nicht wöll weichen ab,
   Bis er die ſtatt gewonnen hab.
   Als denn wöll er ſeinen gewalt
   Erzeygen ſcharpff an jung vnd alt
   Vnd beyd erwürgen mann vnd weib
90 Vnd auch das Kind im mutter leib,
   Die ſtatt zu lauterm aſchen brennen
   Vnd ſchleiffen gleich einem dreſchtennen,
   Das land verhergen vnd verderben,
   Viech vnde leut am ſchwerd erſterben.
95 Auch ſoltens in anzeigen eben
   Sein grundvrſach deß Kriegs darneben:
   Dieweil im Himmel wer ein Gott,
   So wer zimlich vnd billich not,
   Das auff dem gantzen erdrich her
100 Ein haupt vnd ein regierer wer,

Derselbige soll herr allein
Vnd sonst keiner auff erden sein.
Deß wöll er sein haupt nicht sanft legen,
Biß er die herschaft bring zuwegen,
105 Gantz Christenheit vnd teutsches land
Mit seiner streitbarlichen hand.
Vor dem behüt vns Jesu Christ,
Der seines volcks ein heyland ist,
Vom dem vns hülff vnd schutz erwachs!
110 Begehrt mit allen auch Hans Sachs.

Anno Domini, M. D. XXXIX.* Am 24 Tag Decembris.

---

* Wol MDXXIX; siehe oben.

———————————— ‑‑◆‑‑ ‑ ————————

III.

Die Türckisch belagerung der Stat Wien, mit sampt seiner Tyrannischen handlung.

Jm MDXXIX Jar.

Von den Gedichten, welche Hans Sachs zur Erinnerung an die Belagerung Wien's niederschrieb, ist nur das Nachfolgende als Einzeldruck erschienen.

Der Bibliograph W e l l e r fand den mit einem die B e l a g e r u n g v o r s t e l l e n d e n H o l z s c h n i t t gezierten Einblattdruck in einem Sammelbande der Züricher Bürgerbibliothek, und bestimmte als Jahr seines Erscheinens ca. 1567. *

Wie ich bereits in meiner „Bibliographie zur Geschichte der beiden Türkenbelagerungen Wien's" mitteilte, hat sich das Blatt nicht mehr in seiner ursprünglichen Form erhalten, sondern der kolorierte Holzschnitt in Querfolio ist mit dem Titel abgesondert vorhanden, das Gedicht aber in einzelnen Streifen auf ein weisses Blatt geklebt. Da sich aber dieser Druck nur in e i n e m Exemplar erhalten hat, so vermute ich, dass er gar nicht zur Ausgabe gelangt sei; vielleicht hatte sich der Drucker Valentin N e u b e r widerrechtlich in den Besitz des Manuscriptes gesetzt und Hans Sachs die Verausgabung untersagt. Gewiss ist, dass der Spruch keinesfalls zu j e n e r Zeit entstanden sein kann, da nach dem General-Register der Zwickauer Handschrift Hans Sachs dieses Gedicht in das dritte

---

* Annalen der poetischen National-Literatur der Deutschen I. S. 96.

Buch der Sprüche (Fol. 83) eintrug, und zwar unmittelbar nach den beiden vorherstehenden (Nr. I u. II). Die Zeit seiner Entstehung dürfte somit noch in's Jahr 1529 fallen.*

Hinsichtlich der Verarbeitung des Stoffes, lehnt sich dieser Spruch vollkommen an die beiden voranstehenden an, ohne dass aber auffallende Wiederholungen zu bemerken wären, nur in einzelnen Versen finden wir Aehnlichkeit mit dem Gedichte Nr. II.

---

* Dieser Fall, dass ein bereits vollendeter Druck nicht zur Ausgabe gelangte, steht nicht vereinzelt da. So hatte Hans Guldenmundt, welchen Formschneider wir später mit Hans Sachs in Verbindung kennen lernen werden, 1530 einen Holzschnitt, die Belagerung Wien's darstellend, angefertigt, durfte jedoch denselben nicht verausgaben, da der Stadtrath von Nürnberg dem Drucker Nicolaus Meldeman schon früher zur Anfertigung eines gleichen Bildes 50 Gulden Vorschuss gegeben und nun im Interesse der Rückzahlung dieses Betrages dem Meldeman jede Concurrenz ferne zu halten suchte.

Ich vermutete auch in jenem Züricher Einblattdruck den Guldenmundt'schen Holzschnitt; auf meine Anfrage hatte aber Herr Oberbibliothekar Dr. Horner in Zürich die Güte, mich zu unterrichten, dass dieses nicht der Fall sei.

III.

Die Türckisch belegerung der Stat Wien, mit sampt seiner Tyrannischen handlung.

Im MDXXIX Jar. *

¶ Hört zu, nach dem gezelet wurdt
Von des Herrn Christi geburt
Vergangen Sünffzehen hundert Jar
Vnd neun vnd zwentzig, das ist war,
5 Eben an Sant Mattheus tag
Erhub sich ein vnmenschlich klag
In Oesterreych an manchem endt,
Wann Wien die vorstat wardt verbrendt,
Von dem Türcken mit grosser Summ,
10 In circkels weyß gar vmb vnd vmb,
Mit rauben prennen vnd mit mören,
Klüglich geschrey das kund man hören.

---

* Bisher nur abgedruckt in: Kábdebo, Anteil der Nürnberger Briefmaler und Formschneider Meldeman und Guldenmundt an der Literatur der ersten Wiener Türckenbelagerung 1529. (Berichte und Mitteilungen des Wiener Altertums-Vereins XVI. 1876.) Herr Prof. Sal. Vögeli in Zürich hatte die Güte, diesen Abdruck einer Correctur zu unterziehen.

Quelle: Belegerung der Stadt Wienn, jm jar, Als man zallt nach Christi gepurt, tausent fünffhundert vnnd zwaintzigisten beschehen kürtzlich angetzaiget. 4°, 4 Bogen ohne Paginierung. (S. meine Bibliographie der Türkenbelagerungen Wien's pag. 1.)

Das wert biß an den vierdten Morgen
Da kam Stat Wien in grosse sorgen.
15 Wan der Türck kam mit grosser macht,
Zu Roß vnd fuß er mit jm bracht
Auff drey mal hundert taufent Man;
Auff wasser landt ruckt er hinan
Vnd legert vor der Stat sich nider,
20 Zu rings weyß hinumb vnd herwider.
Auff zwo meyl wegs vmb die Stat
Das Läger wol gereychet hat,
Des Türcken Wasseren sich regten,
Das Wasser allenthalb belegten,
25 Das der Stat nichts nit mocht zu gehn,
Das ward die Stat in sorgen stehn.
Auch brantens die zwo prucken ab,
So hat der Türck auch ein vortrab
Etwan auff zwantzig taufend Pferdt,
30 Daruon ward das gantz land beschwerdt.
Die man heist die streyffenden Rott,
Die stachen auff dem feld zu todt,
Was sie ergriffen: jung vnd alt,
Tyrannisch war all jr gewalt.
35 Märck vnd Dörffer habens verbrent,
Frawen vnd Junckfrawen geschendt,
Zerhawt gespist die kleyne kind,
Die Männer hingefüret sind.
Mit solcher Mörderey so sennß
40 Biß in das Lendlein ob der Ennß
Gestreyffet gar on alle wer.
Auch ward vor dem Türckischen heer
Geflohen in den Wiener Wald

Vil Frawen beyde, jung vnd alt,
45 Sie wurden all an difem ort
Elend erhawen vnd ermord.
Alfo lag nun das Türckifch heer
Vor difer Stat mit groffer weer,
Die gertens auch zu treyben ab. *
50 Vil mancher lärmen fich begab;
Die knecht die fielen offt hinauß
Vnd hielten mit den Feinden ftrauß,
Der Türck trat auch an manchen fturm
Doch hielten fich nach krieges furm
55 Die Lantzknecht redlich vnuerzagt,
Der Türck ward all mal abgejagt
Mit dem gefchütz vnd guter wer,
Doch fchoß hinein das Türckifch heer
Mit flitfchen Pfeylen als der fchnee,
60 Mit hacken vnd handtrhören mee.
Nach den gefchichten fich begaben,
Der Türck die Stat thet vnter graben,
Mit puluer zu fprengt die Stat Maur.
Erft ftund die Stat in groffem traur,
65 Daffelbig zu vil mal gefchach;
Jedoch die Hauptleut, bald darnach
Verfchantzten diefe lücken zu,
In der Stat was kein raft noch rhu.
Ein lärmen vbern andern wardt,
70 Der Türck fetzt zu der Stat gar hart
Mit ftürmen, graben tag vnd nacht.
Die Stat hielt gut ordnung vnd wacht.
Die knecht jn etlich püluer Tunnen

* Die begehrten sie (die Wiener) auch abzutreiben.

In dem Stat graben abgewunnen.
75 Verreterey der Türck anricht,
Da jm auch mocht gelingen nicht
Luff er zu letzt ein sturm an,
Sein volck aber wolt nicht hinan.
Da wurden sie von seinen Wäbeln
80 Getrieben mit knütteln vnd säbeln,
Des volcks ward jme vil verlorn.
Also der Türck mit großem zorn
Prach auff zu nacht vnd zoch daruon
Vnd zündet sein geleger an.
85 Vnd alle Dörffer auch herumb
Vnd fürt mit jm ein grosse Sum
Gefangner Christen, weyb vnd man,
Mit jm in die Türckey daruon.

¶ Also habt jr in kürtz den handel
90 Des Türcken Tyrannischen wandel,
Damit er schröcklichen anlag
Stat Wien auff vier vnd zwentzig tag.
Mit vnüberwindlichem schaden,
Jedoch auß Göttlichen gnaden,
95 Hat er die Stat nicht gar erobert.
Wann, wo er die erst het erkobert,
Het es erst kost vil Christen bluts,
Gott aber war voran jr schutz,
Der was fort hin auch durch sein güt
100 Vor aller Tyranney behüt. AMEN.

H.   S.   S.

¶ Valentin Neuber.

IV.

Ein klag zu got uber die grausam
wüterei des grausamen Türken ob
seiner viel kriegen und obsiegen.

3*

Wenn auch der folgende Spruch nicht durch die Belagerung Wien's vom Jahre 1529 hervorgerufen wurde, vielmehr den erneuerten Einfällen der Türken im Jahre 1532 seine Entstehung verdankt, so bietet er doch dadurch, dass Hans Sachs in dieser Uebersicht der bisherigen feindlichen Angriffe auch der Belagerung Wien's in ausführlicher Weise gedenkt (Vers 65—100), für diese Stadt immerhin ein Interesse. Freilich sind die Sprüche Nr. I und II durch die getreue Wiedergabe der historischen Facta weitaus von grösserem Werte, aber auch dieser überliefert uns ein lebhaftes Bild von des Türken „grausam wueterei" zur Zeit der Belagerung.

Freiherr von Liliencron fügt dem Abdrucke desselben in seinen „Volksliedern" bei: „Das Gedicht ist unterzeichnet: „Anno salutis 1532 am 30. tag Novembris." Verfasst muss es trotzdem viel früher im Jahre sein, denn dass der Sultan schon seit dem 12. October wieder in Belgrad, ja seit dem 18. November in Constantinopel zurück, der diesjährige Feldzug also als beendet anzusehen sei, konnte am 30. November zu Nürnberg nicht mehr unbekannt sein. Es lässt sich überhaupt in manchen Fällen beweisen, dass die Daten unter des Hans Sachs Gedichten nicht dem Tage der Abfassung gelten können. Auch auf den Tag des beendigten Druckes beziehen sie sich schwerlich,

denn wo sie in Einzeldrucken erschienen, wird dies
doch wohl unmittelbar nach der Abfassung, also vor
dem darunter bemerkten Tage geschehen sein, während
sie dagegen in der ersten Folioausgabe erst viel später
gedruckt wurden. Vielleicht bemerkte Hans Sachs
den Tag darunter, an welchem er sie sich in seine
handschriftliche Gedichtsammlung eintrug."

IV.

Ein klag zu got uber die grauſam wůterei des grauſamen Türken ob ſeinen viel kriegen und obſiegen. *

Ach herre got in deinem reich,
ſchau wie ellend und jemerleich
geht dein chriſtliches erb zu grund
durch den türkiſchen bluthund,
5 der dein chriſtliches volk bethembt °°
ehr und gut, land und leut einembt
und ſie von deinem wort abtreibet
und ihm dein götlich ehr zuſchreibet,
als ſei er gwaltig himel und erd!
10 Ach got, wie lang hat das gewert!
anfenglichen in Aſia,
das man ietzt nent Natalia,

---

* Das Gedicht ist abgedruckt:
  A. Ausgabe v. J. 1560, I. Bl. CCXIII. f.
  B. Ausgabe v. J. 1612. I. 429. ff.
  C. v. Liliencron: l. c. IV. S. 57. Nr. 442.
  D. v. Keller: l. c. II. (103) pg. 434.
    Ob die Dichtung authentisch mit jener, welche der Meister
in das zweite Buch der Sprüche seiner Handschrift (Zwickau)
als „Klag über des Türcken Glück" eintrug, lässt sich bei
dem Mangel dieses Bandes nicht sicherstellen.
    Hier zunächst nach C. abgedruckt.
** bezwingt.

da dein wort gieng in vollem schwank
und christen glaub het sein anfang.

15 Das durch dein junger ward gepredigt,
das hat der Türk alles beschedigt,
nemlich ganz Cappadocia,
Phrigia und Pamphilia,
Cilicia und Lidia,

20 Armenia und Siria,
Arabia, Palestina,
Judea und das globte land
regiert er mit gwaltiger hand,
das haißt iezund die groß Türkei.

25 Ach got, sich, wie gwaltig er sei
in Europam zogen mit truz
vergoßen vil christliches bluts,
bezwungen das ganz kriechisch reich,
Constantinopel der gleich,

30 Macedoniam, Traciam,
Albaniam, Dalmaciam,
Böociam und Moream,
Corinthiam und Atticam,
Achaiam, Etheliam,

35 Hellespontum, Thessaliam,
Mithilenem und auch dazu
Nigropont; großer insel zwu,
Zippern er gwaltig zu ihm riß,
auch zwang er die insel Rhodis,

40 der geleichen die Walachei,
Serviam und die Bulgarei;
auch hat er in dem land zu Bosn
mit krieg viel christenblut vergoßen.

Crabaten und die windisch mark
45 hat oft verherrt der feinde arg,
der gleich Ungern vor kurzen tagen
überzogen und da erschlagen
König Ludwig den hochgeboren,
das land verheert in grimmen zoren.
50 Also hat er viel Königreich,
zwai kaiserthumb und der geleich
viel landt und stet hie ungenannt
mit seiner tyrannischen hand
dem christlichen volk abgetrungen
55 und die von ihrem glauben zwungen
und darmit sieglich triumphiert,
sich aufgeblasen und gloriert.
Also er umb sich freßen hat
gar weit und ist doch noch nit satt,
60 sunder auch mit gwaltiger hand
sucht er haim das teutsche land,
wie er kurz gar grausamleich
hat uberzogen Osterreich,
darin er Wien, die groß haubtstat,
65 erschröckenlich belegert hat,
ringsweis ihn alle steg besetzt,
die maurer zersprengt und verletzt
und sehr mit tyrannischen hannden
gleich wie vor in andern landen
70 die landschaft allenthalb durchstraift,
alle ding verwüst und zerschlaift,
flecken, dörfer und merk verheert,
verbrent und die manschaft ermördt,
geschendet die jungfrawen jungen,

75 und auch die eheweiber notzwungen
zu angeſicht ihrer ehmender.
Alſo die wueſten frawenſchender
notzwangen zu tod etlich frawen,
etlich wurden von ihn zerhawen,
80 etlichen ſie ihr brüſt abſchnitten,
gar keiner grauſamkait vermitten.
Die kind auß mutterleib ſie rißen,
zerhautens, etlich thetens ſpießen
an die zaunpfel durch ihre hindern.
85 Viel grauſamkait ubtens mit kindern,
der ſtürb vor laid maniche mutter.
Auch gabens ihren roſſen futter
auß den toten leiben zu freſſen,
auch ſinds darauf zu tiſch geſeßen,
90 ſolchs alls zu verachtung und ſpot
üns ünd Dir, du ewiger got.
As er die ſtat mit ſolchen furm
nicht nöten kund, noch durch kein ſturm,
da muſt er doch abziehen ſchendlich.
95 Jedoch er mit ihm füret endlich
viel tauſent gefangener Chriſten
die auch kein menſch nit mocht gefriſten
von dem erbermlichen ellend;
die halt du, herr in deiner hend!
100 Nun, herr, ſchaw, iezund widerumb
iſt der Türk mit merklicher ſumb
außgezogen auf Teutſcheland
und mit ſtark gewaltiger hand
belegert Güns, den kleinen fleck,
105 doch durch dein hülf gezogen weg.

Als er zwölf stürme het verlorn,
keret er mit grimmigem zorn,
auf Kernten und die Stewermark
er straift und iez haimsuchet stark,
110 die er auch vor oft hat gezupft,
mit raub und mord heftig gerupft,
doch iez er sie verwüst und brent.
Der gleich es sich an manchem end
so erschröcklichen an thut sehen,
115 als wöll Teutschlandes end sich nehen
mit sampt der ganzen christenhait,
wann ganz geferlich ist die zeit.
Des laß dich, herre got, erbarmen,
weil du ein vater bist der armen,
120 der das seufzen und klagen hört
der unschuldigen, so ermördt
werden durch den wütig tyrannen!
Herr, verbirg uns unter dein fanen
vor diesem blutdürstigen hund,
125 der wider uns auf thut sein schlund,
zu verschlicken die christenhait
auß ubermut und argem neid,
wie wol wir uns haben verschuldt
mit schwerer fünd zu ungeduld,
130 weil wir von dir sind abgewichen!
Gelaub und forcht ist gar erblichen,
wir sind ungehorsam und undankbar,
in deiner hoffnung sei wir wankbar,
dein hailig namen wir unehren
135 mit schelten, fluchen und mit schwern.
Auch ist die lieb des nechsten klein,

betrug und wucher ist gemein,
untreu, neid, zoren, raub únd mord,
lúg, hinterlist und schmaichelwort,
140 ehbruch, spil, fraß únd trunkenhait,
hoffart, bracht und rumretigkait
geht iez in vollem schwang auf erd,
warheit únd trew ist gar unwerd
bei obern und bei underthan
145 gróber denn grob, dardurch wir han
beweget dich, zu strafen uns.
Doch durch das sterben deines suns
so laß uns nicht ab dieser erden
von diesem feind getilget werden,
150 daß nicht die Túrken dir zu spot
sprechen: „wo ist der Christen got,
daß er sein volk left so verdammen?"
O herr, zu ehre deinem namen
tilg ab die súnd, wirf hinterwerts
155 dein zoren, gib uns ein gut herz,
in newen leben aufzustan
mit herzen dich zu rufen an,
geleich den kindern Israel.
Wenn sie von feinden litten quel
160 und sich bekerten in der not,
zu dir rúften, gútiger got,
so errettest von großem heer
dein volk durch kleine gegenwer,
durch ihre haubtleut außerwelt,
165 der herz auch war auf dich gestelt,
als durch Josua und Simson,
durch Jeptha und durch Gideon,

David, Jonathan, Abia,
durch Josaphat und König Assa,
170 durch König Ezechiam frum
und Judam Machabeorum;
den allen gabst sighafte hand.
Also du einiger heiland
gib iez unserm christlichen kaiser
175 Caroli dem mechtigen raiser
mit sampt ganzem römischen reich
an unserm erbfeind grausamleich,
der mit so unmenschlichen stücken
dein christlich volk meint zu vertrücken
180 durch seinen tyrannischen krieg.
Daher gib uns gnedigen sieg,
zerstrew sein hoffart, übermut,
den er treibt mit dem christenblut,
weil all ding stehn in deiner hend.
185 Derhalb hilf uns in dem ellend,
daß man erkenn in dieser not,
daß du seist ein warhafter got
dem außerwelten volke dein
und dir gotheit bleib allein.
190 Zu ehr deinem hailigen namen
hilf uns; wer das begert, sprach amen!

Anno salutis, 1532 am 30 tag Nouembris.

V.

Verse für die einschlägigen Holzschnitte des Nicolaus Meldeman und Hans Guldenmundt.

Als Hans Sachs, von seinen Wanderjahren nach Nürnberg zurückgekehrt war, sich hier das Meisterrecht erworben und einen häuslichen Herd gegründet hatte, wurde er bald der Mittelpunkt des geselligen Meisterlebens dieser Stadt. Nicht nur die Angehörigen seiner Zunft, sondern das ganze Bürgertum erfreute sich an den Producten seiner Muse; seine Sprüche und Meistergesänge, seine Fastnachtskomödien und didaktischen Dichtungen fanden überall die erfreulichste Aufname und sein Ruf war längst über die Mauern der Reichsstadt gedrungen.

Kein Wunder also, dass man sich vielfach des Meisters Rath und Mithilfe erbat. Ganz besonders namen aber die geschäftigen Buchdrucker, Formschneider und Briefmaler seine Kunst für sich in Anspruch; denn die Popularität, welcher sich der Dichter erfreute, sicherte jenen Gelegenheitsbildern, die er mit erklärenden Versen versah, reichlichen Absatz. So zierte er gar viele Holzschnitte mit seinen Reimen, vorzüglich aber jene der beiden Nürnberger Formschneider Nicolaus Meldeman und Hans Guldenmundt.

Wahrscheinlich bestand zwischen Hans Sachs und Meldeman ein freundschaftliches Verhältnis. Wenn uns auch über Meldemann biographische Daten fehlen, so können wir doch aus seinen artistischen und literarischen Werken einen günstigen Rückschluss auf ihn

4

ziehen; denn welch' ein reger Geist, welch' ein verständnisvolles Erfassen des Gegebenen, welche Sicherheit in der Darstellung und welch' ein kerniger, natürlicher Humor blickt uns aus denselben entgegen? Zeigt es aber nicht von richtigem Verständnis und praktischem Blick, dass er nach Erhalt der Nachricht vom erwünschten Abzuge der Türken von Wien sofort nach dieser Stadt reist, um hier ein Vorbild zu einem Holzschnitt zu erhalten und von keinem Geringeren erkauft er ein solches, als von einem „beruempten maler". Mit anerkennenswertem Fleiss sammelt er endlich in der noch immer erregten Stadt die Materialien seiner Werke. Diesem verständnisvollen, gebildeten Bürger, der noch dazu das in jener Zeit hochgestellte Gewerbe eines Buchdruckers ausübte, mag Hans Sachs gerne einen Gefallen erwiesen haben; er schrieb ihm also zu öfterenmalen auf seine Holzschnitte zierliche Reime, so im Jahre 1530 auf eine Folge von Blättern, die Anführer des Verteidigungsheeres der Stadt Wien während der Belagerung 1529 darstellend, später auf eine Folge von Blättern, welche deutsche Soldaten in verschiedenen Kostümen zeigen, auf einen Holzschnitt, der den Prozess der Armut mit dem Reichtum versinnlichte, endlich im Jahre 1541 15 Strophen auf eine grosse Darstellung der Belagerung der Stadt Ofen.

Meldeman zeigte sich dem Freunde dafür dankbar und lieferte in prächtigem Holzschnitt dessen wohlgetroffenes Porträt, in halber Figur von vorne gesehen; ein Blatt, das gleich allen Anderen des Nürnberger Formschneiders zu den grössten Seltenheiten gehört.

Von der oben angeführten Folge von Holzschnitten „Die Anführer des Verteidigungsheeres der Stadt Wien während der Belagerung im Jahre 1529“ hat sich uns leider nur mehr ein Blatt erhalten, aus welchem wir überhaupt die alleinige Kenntnis der Beteiligung des Hans Sachs haben, denn dieser hat jene kleinen Sprüche und Reime, die er bei verschiedenen Gelegenheiten verfasste, in keine seiner Autograph-Manuscripte eingetragen.

Das Blatt, das sich in den Sammlungen der k. k. Wiener Hofbibliothek findet, hat eine Höhe von 32 und eine Breite von 23 $^{Cm.}$. Composition und Schnitt bekunden des Anfertigers geübte, freie und dennoch sichere Hand; die Darstellung, ein nach rechts reitender reichgekleideter Mann in Begleitung zweier Soldaten, mit dem Monogramme und der Adresse des Meldeman (NM) wird durch folgende Verse des Hans Sachs erläutert:

Ein Behemischer Hauptman.

Peter Perschyna, ein Hauptman
Bestelt von Behemischer Kron
Ober zwey fenleyn Behemisch knecht.
Mit den ich Wienn beschützet recht
Vom Rotenthurm bis zum Salzthor,
Da wir ein Polwerck schlugen vor
Von erdtrich großen baumen starck,
Zu gegenweer dem Türgken argk.[*]

---

[*] Zum ersten Male mitgeteilt in: Kábdebo, Bibliographie pag. 129.

Aus wie vielen Blättern diese Suite bestanden, vermag man nicht anzugeben; doch könnte sie in Vergleichung der Folge von Blätter der „deutschen Soldaten" immerhin zwischen 15 und 20 vereint haben.

Gleich Meldeman wird auch der Formschneider Hans Guldenmundt mit unserem Dichter befreundet gewesen sein, denn dieser verfasste gar mancherlei Reime für Jenen. So hatte er ihm für das im Jahre 1527 edierte Büchlein mit Holzschnitten „Eyn wunderliche Weyssagung von dem Babstthumb" * die gereimte Erklärung geschrieben; auch dem Porträt des Ulmer Parchant-Webers Ulrich fügte er einige Verse bei, ebenso den Holzschnitten: der Czar, der Moscowiter, der Gürtler, der Bote und der kläglichen Historie der Liebe; endlich lieferte er die Reime für eine Folge von 14 Blättern deutsche Soldaten und für eine solche, welche die Anführer des türkischen Belagerungsheeres vor Wien 1529 darstellen.

Es sind 15 Bilder. Guldenmundt schnitt sie wol im Einverständnisse mit Meldeman, welcher zwischen 1529 und 1530 die christlichen Heerführer edierte; vierzehn davon versah Hans Sachs mit Versen, und zwar mit Ausname zweier Blätter mit je 8 Zeilen, nur einmal findet sich · des Meisters gewöhnliches Monogramm: H. S. S.

Die Holzschnitte sind in der Grösse dem vorherbenannten des Meldeman gleich und von verschie-

---

* Ueber die verschiedenen Ausgaben dieses Büchleins siehe: E. Weller, Hans Sachs, eine Bibliographie Nr. 171 und den Zusatz im Serapeum 1869 pag. 90.

denen Künstlern gezeichnet; so sind jene Nr. 1 bis 8 recht schön, wogegen die anderen nur in rohen Strichen das Bild wiedergeben.*

Nach einer mündlichen Mitteilung hatte ich in meiner Bibliographie pag. 8 in der Anmerkung gesagt, dass sich die Verse für die Holzschnitte in den Manucripten des Meisters zu Zwickau aufgezeichnet finden.

Bei der Ausarbeitung dieses Büchleins fand ich mich aber veranlasst diesen Versen näher nachzuforschen, musste aber bald die Ueberzeugung gewinnen, dass die Originaldichtungen für diese Holzschnitte nicht mehr vorhanden sind.*

Allerdings haben sich im 12. Bande der Sprüche jener Autograph-Handschrift zu Zwickau einige Verse erhalten, welche „Des türckischen kaisers Hoffgesind, herrn vnd frawen sampt iren gestelich und Emptern," dann „Das new fenlein deutscher lantzknecht" erklären, und die zweifellos einstens als Ueberschriften bildlicher Darstellungen dienen sollten oder gedient haben. Da aber nun die einzelnen der Capitelüberschriften dieser Originalverse mit jenen der Holzschnitte übereinstimmen, so bliebe die Frage offen, ob Hans Sachs diese Verse etwa für eine in Aussicht genommene zweite Auflage der Meldeman- und Guldenmundt'schen Holzschnitte niederschrieb, oder ob der Meister, als er im hohen Alter seine sämmtlichen Dichtungen aufzuzeichnen

---

* Die Blätter sind beschrieben in meiner Bibliographie pag. 8 ff.

beschlossen hatte, diese Verse nach dem Gedächtnisse eintrug, wobei es ihm weniger auf den Wortlaut
der ursprünglichen Dichtung ankam. Für diese letztere
Annahme spricht besonders die Unterschrift der Verse
„Anno Salutis 1573 am 15 tag may, seines Alters im
78 Jar".

Da diese Verse bisher ungedruckt blieben, mögen
sie hier ebenfalls Platz finden.

V.

Verſe für die einſchlägigen Holzſchnitte des Nicolaus Meldeman und Hans Guldenmundt.*

1. **Kayſer Suleiman.**

2. **Brachim Waſcha der nechſt des turckiſchen Keyſers Rath abconterfect.**

Brahim Baſcha, der nechſte rath
Der Kayſerlichen Mayeſtat
In allen ſachen der Türckey,
Vnd iſt geweſen mit vnd bey
Als Wien die Stadt belegert wart,
Vnd iſt geritten auff die art.
Mit aller kleydung die er dregt,
Iſt er worden abconterfect.

---

* Abgedruckt:

A. Heller in den Zuſätzen zu Adam Bartsch's Le peinte graveur Nürnberg 1854. S. 55—58; aber unvollſtändig.

B. v. Cámesina in deſſen Reproductionen der Holz-ſchnitte: Berichte des Wiener Altertums-Vereins 1875. S. 106 ff.

C. Kábdebo: Bibliographie der Türkenbelagerungen Wien's. Wien 1876, pag. 8 ff.

Hier nach den Originalholzſchnitten.

3. Sansaco des türcken oberster Haubtman.

Sansaco de Gallipolis
Ist der größt Haubtman als ich ließ
In dem Thürckischen Keyserthumb,
Der reyt also mit bracht vnd rhum
Bekleydet auff dise manier
In dem land Thürckischer rißer.
Vnd wo der Thürck zu Felde leyt
Ist er seyn Haubtman all zeyt.

4. Eyn Heyd.

Auß Persia byn ich geporen,
Soldinus ist mein nam erkoren;
Dem großen Keyser Solleyman
Zu hoff ich all zeyt reyten than,
Zu Constantinopel der Stadt,
Daryn er sich gerüstet hat.
Das gantze Teutschlandt zu verheren,
Seyn Keyserthumb damit zu mehren.

H. S. S.

5. Ein Thürck.

Ich byn ein Thürck vnd nur eynspenig,
Dem großen Keyser vnterthenig;
Im Feld byn ich stetz bey jm stecken
In meyner außgenetten hoffecken,
Die ist meyn harnisch vnd mein pantzer
Darunter ist meyn haut noch gantzer,
N. doch in Osterreych zu Wien
Stach es mir an der goller hyn.

6. Die Thürcken.

Wir Mammelucken, Stradiothen
Reytten in den strayffenden rotten,
Was wir fahen von meyd vnd frawen
Jr kleyd wir ob dem knye abhawen,
Füren sie also mit vns weck
Durch wasser kott vnd Dorenheck.
Also wir groß mütwillen treyben
Mit junckfrawen vn̄ junge weyben,
Die alten schlagen wir zu todt,
Dem Christen glawben zu eim spot.
Ach weh, vns armen frawen weh,
Die frawen klagen:
Nun werd wir fröhlich nymmermeh
Seyt wir von den Thürckische mannen
Jns ellend wern gefürt von dannen
Auß vnserm Christen vatterlandt,
Von ehr vnd gut in laster schandt
Von ältern, men dern, kinden, freunden
Hyn zu den Christlichen feynden,
Nun haben wir auff erdt keyn trost
Dy wir vom Thürcken wurn erlöst.

7. Die gefangen klagen.

O Herre Gott laß Dich erbarmen
Vnser Ellendt gefangen armen,
Erwürgen sech wir vnsere kinder
Genummen sind vns Schaff vnd Rinder,
Hawß vnde hoff ist vns verbrennt
Vnd wir gefürt in das ellendt.

Weh das vns vnser mutter trug
Erst müß wir ziehen in dem pflug
Vnd Gersten essen wie die Pferdt,
Mit vnserm munde von der erdt;
Kumm grymmer todt vnd vns erlöß
Von dem grausamen Thürcken böß.

8. Türkische Tyrannei.

Ach Herre Gott in dem höchsten thron
Schaw disen großen jamer an,
So der Thürckisch wütend Thyran
Im Wiener Walde hat gethan;
Ellendt ermort junckfrawen vnd frawen,
Die kindt mitten entzwey gehawen,
Zertretten vnd entzwey gerissen
An spitzig pfäl thet er sie spissen,
O vnser hyte, Jhesu Christ,
Der Du gnedig barmhertzig bist,
Dern Zoren von dem volck ab wendt,
Errett aus des Thürcken hendt.

9. Eyn Thürckischer Edelman.

Ich byn eyn Thürckischer Edelman
Ins Kaysers Heer reyt ich voran,
Hilff jm betzwingen alle welt
Eyg oder jar mit jm zu Feld,
Alda treyb ich mayn ritterspiel,
Des großen prenks ist nicht vill;
Von Alkeyer ich geporen byn,
Wiewol ich selten kumm dahyn.

10. Ein Renegat.

In die Thürckey byn ich byn kummen
Hab Mahomets glauben angnummen
Des haben sie mich lieb vnd werd
Geben mir rüstung vnd eyn pferd
Vnd dise Tartsch· auff meynen ruck.
Vnd byn eyn rechter Mammaluck,
Vnd da meyn her vor abzoch
Ich mit des Keysers hauffen floch

11. Eyn Stradioth.

Abconterfect eyn Stradioth,
Das ist auch eyn besunder roth,
In den scharmützel gar geschwindt
Es rennt hynan als sey es plint.
Fleücht der Feyndt, hefftig es nach rennt,
Besteth der Feyndt, bals es sich wendt
Vnd scheüsset hynder sich vil pfeyl,
Das ist eyn volck nur auff die eyl.

12. Ein Türke.

Ich byn gerüstet auff die eyl
Vnd hab geschossen vil der pfeyl
Zu Osterreych in Wien die stadt
Das mancher knecht empfunden hat
In seynem kopff, armen vnd brust,
Noch vertriebens vnd den lust
Mit jrem geschütz auch des geleychen
Das wir von dannen mußten weychen.

13. Ein Türke.

Ich pin ein Türck, von mein Vierannen
Die Christen lewt hülff ich verpannen,
In Crabatten, Vngern daß gleych
In Crailandt vnnd in Osterreych.
Ich schlag sie todt wo ich sie find,
Es seyen man Weib oder Kindt ;
Ein teyl füer wir mit vns daruon,
Die lest man vns für vnsere lon.

14. Ein Türke.

Auß der Türckey kum ich geritten,
Ich hab gekempffet vnd gestritten
Mit manchem gutten Reütters man,
Der mir nicht vil doch abgewann.
Zu Wien lert ich erst kriegen recht
Da sich dann wörtten die Cantzknecht
Mit Schießen, hawn vnde stechen,
Vnser Heer flüchtig müest auffsprechen.

15. Ein Mammaluck.

Ein Camelthier ab conterfect,
Das dem Thürcken zu felde trägt
Sein krieges zeug vnd die prabant,
Der thier sind vil in seinem landt,
Das mennla hat ein puckel auff seyn ruck
Drauff sitzet ein rechter Mammaluck.

A.

Des türckischen kaisers hoffgesind, herrn vnd frawen sampt irer pestelich vnd Emptern.*

Hernach sett allso verzeichnet pur
Ein warhaft Abcontrafactur
Des türckischen kaisers frey,
Welcher regirt in der Türckey
Mit nam Sultan Solim genant
In seinem kaiserlichen gewant
Und auch der hoche priester sein.
Ueber sein geistlichen vnd gemein
Samt seinen türckischen hoffgesind,
Die in Empter verordnet sind,
Wie sie mit namen sind genant
Und mit ir klaidung vnd gewant,
Auch man vnd weibspild hernach sind,
Die am türckischen hoffe sind,
Wie sie seint gezirt vnd wat (?)
Auf dem lande vnd in der stat
Abcontrefeyet gleich allesambt,
Der jeder wart des seinen ambt,
Damit ein jeder sein amt zeigt an
Mit seinem pildnis, was er hat gethan.

---

* Bisher ungedruckt; hier nach einer Abschrift des Herrn Stadtchronisten Dr. E. Herzog in Zwickau.

1. Der türckifch kaifer.

Türckifch keiferlich majeſtat
Helt da im kaiferlichen ornat
Sultan Solim genent wirt
Der 13. kaifer, ſo itz regirt.

2. Der oberſt türckifch prieſter.

Der hochprieſter bin ich erwelt,
Allen geiſtlichen fürgeſtelt,
Der türcken zu gepiten hab
In allen ſtenden auf vnd ab.

3. Der Criſten kind lermeiſter.

Jüngling, ſo der Criſten kind
Leren, ſo aus keifers hoff ſind,
Dienen, — —* in gemein
Zu dinſt pereit vnd peritten ſein.

4. Sußknecht des kaifers.

Das ſind fußknecht zu dem Sulton,
Wann er pflegt auszureiten thon,
Darvon vnd nach lauffen zu mal
dergleichen ſind hundert überal.

5. Trabanten, ſo dem kaifer vor lauffen.

Die trabanten mit dem hantbogen
Kummen vor dem kaifer her zogen
Zuvor, vnd wo er reitet hin,
Das ſie mit gſchoß verwaren in.

---

* Die fehlenden Worte unleserlich.

6. Der Cristen kind werden kriegs=
knecht.

Der Cristen kinder streitbar kriegsknecht,
Die bewachen den kaifer recht
Bey nacht mit ir geschütz zu mal,
Seint ir taufend an der zal.

7. Hüter des kaifers Sal.

Diefe hüten mit irer macht
Des kaifers pallaft bey der nacht,
Das den kaifer dreff kein vnfal,
Der find 400 an der zal.

8. Die knecht etlicher großen herren.

Wen fie aufreitten für das thor,
So lauffen in ir knechte vor
Zu einem pomb vnd großer pracht,
Sie halten in fchutz ir macht.

9. Jüngling, So der Cristen kinder
krigen leren.

Cristen kinder, so zu hoff kumen,
Werden zu lernen angenumen
Zu kriegen, kempffen vnd fechten
Alle ordnung zu krieges rechten.

10. Gantz verwegene kriegsknecht.

Gantz verwegne kriegsknecht
Die iagen im krieg nach der peut,
Setzen in gfar leib vnd fel,
Fürchten weder got noch die hel.

11. Unuerzagt trewe kriegsknecht.

Die wagen beide leib vnd leben
Für ir herren auf fleisch penck heben
Vnd freuen sich für sie zu sterben
Nur treuen dank bey in erwerben.

12. Die Püchsenmeister.

Die püchsenmeister der geleich
Sind man nit im römisch reich;
Die wagen mit der schwarzen kunst
Auch mit ander kunst kumen sunst.

3. Kriegsleut zu kriegen auf dem mer.

Kriegsleut zu streiten auf dem mer
Mit hantzschirren vnd anders Ger
Künnen wol frost vnd hunger tragen,
Bis das sie ire feinde schlagen.

14. Ain Portier.

Ain portier in dem gewand
Aus persia, dem verherten land,
das der groß kunig Alexander
Mit krieg verdet (?) allesander.

15. Die Stallknecht.

Das ist ein türckischer stalknecht
Der wart der rewsig gaul recht
Mit futter, Strigeln vnd strew,
Mit andern knechten, mit haber vnd hew.

16. Ain mor aus Arabia.

Ein mor aus Arabia
In seiner kleidung Contrafact da
Wie die am leib sint schwarzrus,
Doch gar sein reicher verstantnus.

17. Also fürt man die praut heim.

So fürt ein großer herr sein praut,
Unter dem himel mit man vertraut,
Auf einem ros verdeckt gezirt
Mit großer Er rum pracht vnd wirt.

18. Die schlechten weiber.

So sind schlecht frawen zugericht
Verdeckt mit irem angesicht,
Wen sie teglich zu marckt gen aus,
Zu kauffen, was gehört ins haus.

19. Die reichen weiber.

So sitzen geschmückt vberaus
Die reicher weiber in dem haus
An den erden auf Seiden decken,
In köstlichen würzen wol schmecken.

20. Die frawen auf Carwanen.

Die frawen auf Carwanen frey
Gen so geschmückt in der Türckey
Mit veis vnd herlichen gepart (?)
Darbey man sie aus allen vart. (?)

21. Der Cristen weiber.

Die Cristen weiber der Stat Pera,
Wen die sind verheirat alda
Elich in der Türckey zu letz,
Decken ir haar mit einem netz.

22. Die criechischen frawen.

So sind der kriechen weiber pekleidt,
So man itz die zu dieser zeit,
Die man itz zu Constantinopel hat,
In großen wird vnd Eren hat.

23. Der kaiser zu ros.

Also der türckisch kaiser reit
Spaciren vor oder weit.
Seiner fürsten, herren vnd adel
Haben an trabanten keinen zadel.

24. Der Cristen patriarchen.

Der Cristen patriarchen also stan,
Die zu Constantinopel im tempel won,
Die geit also im pilgram stab
In irer kirchen auf vnd ab.

25. Ein wunderlich thier.

Das thier giraffa genant
Geporen im türckischen landt,
Der gestalt mit hochem hals, gwis
Als eines lanzknechts langer Spis.

Anno salutis 1572.

B.

Das new fenlein deutscher lantzknecht.

1. Der Hauptman.

Ich bin ein hauptman auserwelt
Von dem römischen reich bestelt
Vber dis fenlein deutscher knecht
Haben geleret krieges recht
In Frankreich vnd in welschem land
Peide mit hertzen vnd mit hand.
Die wil ich wider den türcken füren,
Der sein mörderey lest türckisch spüren.

2. Der ein trabant.

Ja her hauptman, die lantzknecht haben
Wir geschrieben in payern, franken vnd schwaben,
In Düringen, Sachsen vnd reinstrom,
Pis ich das fenlein knecht pekom,
Da macht ich manche werckstatt ler,
Der hertz zu kriegen hat peger,
Da samlet wir das fenlein gleich,
Die doch nit werden alle reich.

3. Die Püchsen sprechen.

Der hunger vnd der deurung hat
Vnser vil trieben aus der werckstatt,
Weil unser hantwerk gar nam ab,
Derhalb sich der groß tail begab

5*

Aus fürwitz in den krieg darneben
In ein geferlich elent leben,
Darin ist weder ru noch rast
Und macht manchen unter den gast.
Doch muß ich zu dieser zeit
Helffen schützen die Christenheit
Vor dem türcken vnd andern tirannen,
Die aufwerffen ir gotlos fanen
Wider all recht vnd pillikeit,
Da soll die cristlich oberkeit
Geprauchen ire vnterthan,
Zu hilff vnd schutz, zu widerstan.

4. Die Spilleut.

Frisch auf ir lantzknecht all geleich
Freut euch, wir woln all werden reich.
Got wird uns geben heil vnd glück,
Zu dempfen der argen feinde tück.
Die vnschuldiges plut vergießen,
Werden Sitz vnd glück verließen
Und das bezalen mit der huet
Als verwegen gotlose leut.

5. Der Fendrich.

Seid vnverzagt ir frume lantzknecht
Vnsers kriegs haben wir fug vnd recht,
Zu schützen den gemeinen man,
Der lieber fried vnd ru wolt han,
Mit arbeit neren weib vnd kind
Die hertzlich got anruffen sind

Das got getreulich bey wil ston,
Das der feind muß zu durmer (?) gon.

6. Die Doppelſöldner.

Ir Doppel Solner mit helleparden
Dut der fanen vnverzagt warten,
Darmit wir wollen Ere einlegen,
Dem feind ritterlich ſten entgegen,
Darmit erlangen Ere vnd guet,
Als noch manch treuer Kriegsman duet,
Der beyſtet criſtlicher obrikeit,
Die im erliche beſoldung geit.

7. Die gemeinen knecht.

Ja frölich wolln wir greiffen an
Den feind, dörffen nit all voran,
Bis wir erlegen ſein hochmuet,
Das er pezal vnſchuldig pluet,
Das er wider recht vergoſſen hat.
Auf got all vnſer hoffnung ſtat.
Der wird vns fried vnd rue geben,
Das wir criſtlichen müſſen leben.

8. Der hurenwaibel mit dem troß.

Zieht fort vnd reumbt vns Stras vnd weg,
Wan der troß iſt rud faul vnd treg,
Der hernach zeucht mit großer peut,
Darmit er raubt die pauers leut,
Von hünern, genſen, ku vnd ros,
Darmit ſich nert der krieges troß

Darmit die pauern den pürgersman
Gar türckisch vber — — han
Mit kern, — , rüben vnd kraut
Vnd was sie haben zu feld gebaut
Das in im krieg wird gnumen hin,
Die es her kem, so get es win. (?)
Derhalb besser fried vnd sieg,
Denn plutvergiessen vnd der krieg.
Den geb vns got, daß fried aufwachs
hier vnd dort ewig, wünscht Hans Sachs.

Anno salutis 1573, am 15. tag may, seins Alter im
78. Jar.

VI.

Ein Lob = Spruch der Haubt = Stat Wien in Oesterreich 1567.

Unter den Spruchgedichten des Meisters nehmen die Lobsprüche, welche er verschiedenen Städten widmete, eine sehr beachtenswerte Stellung ein. Jene, welche er 1530 auf die Städte Nürnberg und Altenburg dichtete, sind durch die gleichzeitigen Einzeldrucke, sowie durch spätere Nachdrucke allgemein geworden; weniger bekannt sind aber die bisher ungedruckten Lobsprüche der Städte: Wien *, München, Regensburg, Salzburg, Frankfurt, Hamburg, Lübeck, Lünneburg und Nördlingen, die in den Jahren 1567—1569 entstanden sind und sich im 18. Bande seines Original-Manuscriptes zu Zwickau aufgezeichnet finden. **

In der Einleitung wurde bereits gesagt, dass Hans Sachs sowol mit der Literatur des Altertums, als auch mit jener seiner Zeit vollkommen vertraut war. So las er, wie wir aus seinen Dichtungen konsta-

---

* Das Manuscript dieser Broschüre liegt seit zwei Jahren druckfertig in meinem Pulte. Während dieser Zeit hat Emil Hauois den Lobspruch auf Wien ediert (Wien, 1876). Meine Lesung ergiebt aber gegen seinen Abdruck bedeutende Differenzen.

** In Dr. Friedr. Schirrmachers: Beiträge zur Geschichte Meklenburgs (Rostok, 1872) wird von Dr. Gustav Floerke auch ein Lobspruch der Stadt Rostok, welcher nebst einer „wahrhaftigen Contrafactur der alten herrlichen Stadt Rostok" erschien, mitgeteilt und Hans Sachs zugeschrieben; die Kritik bezweifelte aber gleich nach dem Erscheinen des Buches die Autorschaft unseres Dichters.

tieren können, unter anderen die Reisebeschreibungen,
Chroniken und Cosmographien von Schedel, Frank,
Schilterberger, Montevilla, Ptolomäus und Münster;
sie dienten ihm auch vielfach als Quellen seiner poetischen Darstellungen. Für die Bearbeitung der vorher
bezeichneten Lobsprüche lieferte ihm nun Sebastian
Frank's Germaniae chronicon das Materiale.

Was nun zunächst die Schilderung der Stadt
Wien in Franks Chronik betrifft, so ist sie keine auf
Autopsie beruhende, sondern stützt sich ihrem wesent-
lichen Inhalte nach auf die Beschreibung dieser Stadt,
welche Aeneas Sylvius, der nachmalige Papst
Pius II., der um 1450 Wien besuchte, entwarf und den
165. Brief seiner 1496 zu Nürnberg gedruckten Brief-
sammlung bildet. *

Diesen Bericht des Aeneas Sylvius treffen wir
in allen Geschichtswerken und Reisebeschreibungen
des XVI. und XVII. Jahrhunderts, wenn auch sprach-
lich verändert und durch Zusätze vermehrt. Schon
wenige Jahrzehnte nach dem Erscheinen gieng er in
die Geschichtswerke von Bonfini ** und Alberts
von Bonstetten *** als deren Originalarbeiten über,

* Des Aeneas Sylvius Beschreibung findet sich in Fuhr-
manns Alt- und Neu-Wien, in Weiskern, Topographie,
in Strobl, Misc. lit. Inhalts. — Siehe auch: Skizze von
Wien (1787, II.), Hormayrs Geschichte Wiens und
Vogels Volkskalender 1850.

** Vergleiche: Bonfini und sein Wien in Gräffers Dosen-
stücke I. 133 und Bergmanns Medaillen II. 104 ff.

*** S. Skizze von Wien aus der Handschrift Alberts v. Bonstetten in Hormayrs: Archiv III. S. 190, dann Gass-
lers: Beiträge zur deutschen Sittengeschichte 179 Nr. 1.

später usurpirte ihn Frank für seine Chronik. Aus
dieser machte er seinen Weg in Sebastian Münsters Cosmographie, wo er in allen Ausgaben bis
zum Jahre 1548 vorkommt, von wo ab er durch einen
Auszug aus Wolfgang Lazius' Geschichtswerk der
Stadt Wien verdrängt wird, welchen dieser gleichzeitig
mit einer Copie der Hirschvogl'schen Ansicht von Wien
dem Herausgeber der Cosmographie über dessen Bitte
an den Stadtrath zur Verfügung stellte. * Aus Frank's
Chronik gieng diese Beschreibung auch in Brauns
Städtebuch über, und zwar ohne wesentliche Aenderung
nach der Ausgabe vom Jahre 1533 in die 1582 erschienene zweite Ausgabe des ersten Bandes, dann
nach der Ausgabe vom Jahre 1580 in den 1617 er-
schienenen sechsten Band. ** Auch bis in das XVIII.
Jahrhundert herein bildete die Beschreibung des Aeneas
Sylvius eine vielbenützte Quelle zur Schilderung Wiens,
wie denn verschiedene um diese Zeit erschienene ano-
nyme Schriften, dann die bezüglichen Abschnitte in
den Werken Berkenmayers, Küchelbeckers
u. A. darauf beruhen.

Der Lobspruch des Hans Sachs zerfällt in drei
Abteilungen: in die Beschreibung der Stadt, in die
kurze Schilderung der Belagerung durch Mathias Cor-
vinus und endlich in die Darstellung der Belagerung
Wiens durch die Türken.

---

* S. Die Ansichten der Stadt Wien in den verschiedenen
Ausgaben von Münsters Cosmographie von Heinr. Káb-
debo. Mit einer Illustration vom Verfasser. Wien 1878.
** S. Kábdebo, Ansichten aus Nieder-Oesterreich in Brauns
Städtebuch 1572—1617. (Mittheilungen des Wiener Alter-
tums-Vereines 1875 S. 169 ff.)

In den ersten zwei Teilen verarbeitete der Meister mit grösster Treue den Originaltext und bringt in seiner poetischen Umarbeitung auch die naive, trauliche Schilderung des Aeneas Sylvius vollkommen zur Geltung; als dritten Teil mit der Beschreibung der Türkenbelagerung hat aber Hans Sachs eine seiner früheren Dichtungen hinzugefügt, nämlich den als drittes Stück dieses Büchleins abgedruckten Spruch: Die Türckisch belegerung der Stadt Wien, mit sampt seiner Tyrannischen handlung, mit dessen Wortlaut denn auch die Bearbeitung im vorliegenden Lobspruche stellenweise übereinstimmt.

Hans Sachs unterzeichnete seinen Lobspruch Anno Salutis 1567; er ist somit nicht der erste, welcher der Stadt einen solchen widmete, denn bereits 1547 hatte der Wiener Schulmeister Wolfgang Schmältzl seinen „Lobspruch der weitberuemten Stadt Wien" drucken lassen und kurze Zeit später entstand des bekannten spanischen Dichters Cristoval de Castillejo's „Lobspruch der Stadt Wien". *

Der Spruch unseres Dichters ist somit der dritte. welcher zu Lob und Ehr der Stadt „Wien" entstanden ist, und wenn er bezüglich Form und Umfang auch nicht mit jenem des heimischen Dichters Schmältzl wetteifern kann, so verdient er immerhin die vollste Beachtung.

---

* Ueber alle Lobsprüche und beschreibenden Dichtungen von Wien wird eines der nächsten Bändchen dieses Werkes ausführliche Nachricht geben.

VI.

Ein Lob-Spruch der Hauptstat Wien in Oesterreich.

Die oben Contrafactur
Zeiget warhaftig clar und pur
Wien, die weit perůmbten Haubtstat
In Oesterreich ir leger hat
5 An dem flues, die Thonau genant,
Welche vůr rint ins Ungerlant,
Mit sechzg schiffreichen fluessen guet
Sich mert, für vil Stet fliesen thuet;
Unter den Wien ist die eltst Stat..
10 Von alters her den namen hat
Flaviana, von Flavio,
Dem lantfogt, der regirt also;
Auch vermainen Etliche da
Von dem klain flueslein Wiena,
15 Das zwischen den vorsteten fleust hinab,
Stat Wien den iren namen hab.
Wien, die gros, weit und volkreich Stat,
Der umbkrais ir Statmauren hat
Zwei dausent schrit ringweis umbfangen;
20 Auch hat die Stat ein weiten, langen
Graben mit aufgworfner Schuete; mer
Mit thůrmen, zinen und vorwer.
Die gassen sint mit stainen hart
Gepflastert ser werhafter art,
25 Darin die půrgerheuser hoch,
Stainen, mit gmel geziret doch,

Gwelbt mit Schwiepogen gmachsam weit;
Stueben vor frost zu winters zeit,
Stallung zu pferden und ander thier,
30 Auch gar kestliches hausgeschier,
Durchscheinende glasfenster für,
Daran eisren leden und thür,
Alle gemach zirlich zu mal,
Als eines fürsten schöner Sal.
35 Die weinkeller so dief und weit,
Daß man vermaint zu dieser zeit,
Stat Wien, die hab unter der Erd
Mer gepeus, den drob funden werd.
Diese Stat Wien in hochem rumb
40 Ligt im Passauischen pistumb.
Darin seint von gehauen stain
Vil gotsheuser gros unde klain,
Köstlich erpaut nach allem rat,
Gezirt mit allerlei ornat,
45 Vil Closter mit frauen und man,
Darin ir gaistlich orden han;
Jedoch Sant Steffans thurn und stift
Mit kunst die andern überdrift,
Das in gantzem Deutschlant hat rum.
50 Auch ist da ein Collegium,
Ein hohe schuel der freien kunst,
Die aufgericht ist, pestet aus gunst
Von pabst Urban dem Sechsten clar.
Da kumen vil Studenten dar
55 Aus Ungern und aus deutschem land,
Die da studiren allesand.
Es werden auch in Wien der Stat,

Achtzehen man erwelt in rat,
Und ein richter in das gericht,
60 Auch ein purgermeister, verpflicht
Zu tragen forg für die ganz Stat,
Mit mer obrikeit die Stat hat,
Denn auch herrn zumb weinzol,
Die habn ein scharpf einsehen wol,
65 Und ihr gwalt wert von Jar zu Jar.
Nun diese Stat, volkreich vür war,
Doch kumbt überflücffiger weis
Teglich darein allerlei Speis
An korn, weizen, prot, flaisch und fisch,
70 Krebs, Aier, vogl und wilpret frisch;
Das weinlesen wert oft virzig tag,
Daß man teglich einfürt ich fag:
Wegen mit wein, teglich drei hundert
Des dags oft zu, das manchen wundert,
75 Daß teglich pei zwelf hundert pferden
Im weinlesen geprauchet werden.
Den osterwein stark wolschmack guet
Oft gar umb ringelt drinken thuet.
Den meisten wein, den fürt man nau
80 Mit pferden in schiffen rauff die Thonau,
Darnach auf der ax, muesamer hant
In Pairen und in Schwabenlant.
In solchem reichtumb, glückselikeit
Stat Wien ist gstanden lange zeit.
85 Doch nach dem, als man zeit vür war
1477 Jar,
Hat Wien gar hart gedrenget da
Der ungrisch kunig Mathia,

Die Stat gewaltiglich einumb
90 Kaiser Fridrich dem driten frumb,
Der doch durch Maximilian,
Sein Sun, die Stat Wien wider gwan
Im achten Jar nach dem peschied.
;et die Stat wider glück und fried,
95 Pis man hernach zelet vůrwar
1529 Jar;
Pei kaiser Carl dem fünften schon
Der türkisch kaiser Soleimon
Der kam vur Wien mit groser macht,
100 Zu ros und fues er mit im pracht
Wol drei mal hundert dausent man,
Auf wasser, lant ruckt er hinan,
Zwo meil ringweis umb Wien die Stat
Sein leger wol geraichet hat;
105 Daß der Stat nichsen zu mecht gon,
Kein hilff noch rettung mechte hon,
Der Türck verderbt darumb das lant
Mit raub, mort, gefencknus und prant,
Merk und derffer darumb verprent,
110 Junckfrauen und die frauen schent,
Zerhaut und spist die clainen kind,
Nn die zaunpfel gestecket sind.
Da stund die Stat in hochem trauern;
Mit pulver zersprengt die Statmauren,
115 An vier orten mit grimikeit
Wol vier und vierzig klafter weit,
Das auch hernach vil mer geschach;
Doch unsere haubtleut hernach
Verschantzeten die lücken zu;

120 In der Stat war kein raft noch ru,
Ein lerman übern ander wart,
Der Türck der Stat zuseßet hart
Mit stürmen, graben, tag und nacht;
Die Stat hilt gut ordnung und wacht.

125 Verreterei der Türck anricht,
Das ihm auch wolt gelucken nicht.
Entlich loff er ain Sturm on,
Sein volk aber wolt gar nit dron;
Da wurden sie von seinen waibeln

130 Getriben mit knüteln und saibeln,
Da wurd vil seines volcks verlorn.
Nach dem der türck mit grimen zorn
Prach auf zu nacht und zog darvon
Und zündet seine leger on

135 Und alle flecken rings herumb
Und fürt mit im ain grose sumb
Gefangen Cristen, weib und mon
Elent in die Türckei darvon,
Nach dem er pelegert in klag

140 Die Stat Wien virundzwainzig tag,
Daran vir Sturm verloren het,
Stat und lautschaft verderben thet
Mit gar unüberwintling schaden;
Doch war aus getlichen gnaden

145 Wien, die gros Stat errettet frei
Vons Türcken mort und tiranei,
Die doch zum krieg war plöd und schwach,
Die man pefestiget hernach
Mit polwerk und starken pasteien,

150 Daß sie nun pas versichert seien

6

Zum widerstant werlich und vest;
Doch gottes hilff ist noch die pest
Wider solich tiranisch krieg;
Wan in gottes hand stet der Sieg,
155 Der well entschuetten als ungemachs
Stat Wien, das wünschet ir Hans Sachs.

Anno salutis 1567. Am 1. Tag Decembris.

VII.

Wunderbarliche Geſicht, ſo an der Sonn vnd Mon zu Wien in Oſter‑ reich ſind geſehen worden. Anno 1557 am 26 vnd 27 Tag Decembris.

Für die Volksliteratur des sechzehnten und siebzehnten Jahrhunderts sind die naturhistorischen Ereignisse dieser Zeit von nicht geringer Bedeutung geblieben. Das Volk vergnügte sich an der Auslegung solcher Erscheinungen, es liebte über deren Bedeutung und Folgen Betrachtungen anzustellen, ohne sich aber den Meinungen Anderer zu verschliessen, ja es verlangte sogar darnach. Das Broschürenwesen, das um diese Zeit seinen Höhepunkt erreicht hatte, kam diesen Verhältnissen nur entgegen, und so rief jedes Ereignis dieser Art eine ansehnliche Literatur hervor, die sich in streng fachwissenschaftliche, populäre und poetische Schilderungen teilen lässt. Namentlich die Himmelserscheinungen erregten das Gemüth des Volkes und beschäftigten die Broschürenschreiber; die geringste Veränderung am Himmelszelte: eine aussergewöhnliche Färbung des Firmamentes oder der Wolken, eine seltene astronomische Erscheinung brachte Aufregung, ja Unruhe in das Volk. Sofort erschien eine „newe Zeitung" über das wunderliche Ereignis; sie wurde in den Nachbarsstädten nachgedruckt und hielt nun ihren Rundlauf durch Deutschland, indem in jeder neuen Auflage Holzschnitt und Text gräulicher gefärbt wurden und endlich aus einer Doppelsonne ein schreckendes Bild wurde: die Sonne umgeben von blutenden Köpfen, brennenden Fackeln und Kränzen.

Es ist eines der interessantesten Capitel der Culturgeschichte, das sich aus der bezüglichen Literatur abliest, wie es denn für den Volksglauben und die Literatur jener Zeit gewiss bezeichnend ist, dass damals bedeutende Astronomen den kaiserlichen Auftrag erhielten, eine wissenschaftliche Beschreibung dieser und jener Himmelserscheinung abzufassen, damit den Uebertreibungen und abenteuerlichen Auslegungen ein Ziel gesetzt werde. Interessant ist es weiter auch in diesem Zweige der Literatur eine Mode anzutreffen, denn während das sechzehnte Jahrhundert sein Hauptaugenmerk den Veränderungen der Sonne und des Mondes zuwendet, ignoriert das Siebzehnte solche Erscheinungen und hält sich an die Cometen.

Leider muss ich mir versagen aus meinem reichen Materiale zur Geschichte der naturhistorischen Ereignisse in Wien, hier weitere Mitteilungen zu machen, und nur nebensächlich will ich bemerken, dass die Erscheinung, welche uns Hans Sachs hier in Versen beschreibt für Wien kein sensationelles Ereignis war; immerhin aber fand es vom Volke einige Beachtung, doch dass sich unser Dichter des Stoffes bemächtigte, konnte nur durch das Erscheinen einer gleichzeitigen Broschüre veranlasst worden sein.

Ambros Ziegler, ein gelehrter Wiener Astronom, beobachtete nämlich diese Himmelserscheinung und gab seine Bemerkungen unter dem Titel: „Signa et prodigia in sole et luna, Viennæ Austriæ visa Anno MDLVII" heraus. Diese Quelle benützte Hans Sachs ausschliesslich und vollinhaltlich für seine poetische Beschreibung, warum diese also, wie Haueis

(l. c.) sagt, „auf historische Verlässlichkeit gar keinen Anspruch hat“, vermag ich nicht zu ergründen; freilich war Haucis die Quelle der Dichtung unbekannt.

Die Versification des Meisters liefert uns abermals einen Beweis mehr, dass er der lateinischen Sprache mächtig war, denn von der Broschüre des Ziegler ist mir eine Uebersetzung nicht bekannt.

VII.

Wunderbarliche Geficht fo an der Sonn vnd Mon zu Wien in Ofterreich find gefehen worden. Anno 1557 am 26 vnd 27 Tag Decembris.*

Lieben Chriften hie nemet war
Wie in dem nechft verfchinen Jar
Gott hat ein fchröcklich zeichen thon
Beyde an Sonn vnd auch an Mon,
5 Wie man das gfehen hat warleich
Vnten zu Wien in Ofterreich.
Am fechs vnd zweyntzgen Decembris
Vmb eylff Vhr in die Nacht gewiß,
Als der Mon ftund am Himel fein,
10 Mit fehr klarem vnd hellen fchein,
Auch der Himel voll Steren fton,
Erfchin fichtbarlich an dem Mon
Ein langer zugefpitzter Schwantz
Mit brinnendem Goldfarben glantz,
15 Der fich ftreckt gegen Mitternacht.
Sein fchein in folchem Surm verbracht

* Abgedruckt:
A. Originalausgabe v. J. 1590. Bd. II. (3) Bl. CXCII. t.
B. Kemptner Ausgabe Bd. II. (3) pag. 381 f.
   Quelle: Signa et prodigia in sole et luna, Viennæ
Austriæ visa Anno MDLVII. s. l. e. a. (Wien, 1557.)
Signirt: Ambrosius Ziegler. (S. Denis, Wiens Buch-
druckergeschichte Nr. 573 und Vogel's Specim. Bibl.
Germ. Austr. P. I. p. 410.)

Eine gute zeit, biß schier wolt Tagen
Verschwundt der schwatz, thu ich euch sage,
Vnd wurd also gentzlich verloren
20 Vnd ist nicht mehr gesehen woren.
Darnach an dem Tag Johannis,
Den sieb vnd zweyntzgen Decembris,
Am abent vngfehr vmb vier Vhr
Da schien die Son vast hell vnd pur,
25 Das niemandt sehen kund darein;
Da gab die Sonn int höch ein schein,
Der reichet biß an himel fast.
Zu gespitzt gleich wie Fewer glast
Aber zu der Sonn beyder seyten,
30 Eben vast gleich in einer weyten,
Zur rechten vnd lincken, hör ich jehen,
Wuren zwey helle Liechter gsehen,
Theten eim Triangel vergleichen,
Theten hoch an den himel reichen;
35 Vnten breit, oben zugespitzt,
Mit hellem schein jr jeder glitzt,
Doch aussenrumb mag ich verzehen
Hat man sie gantz blutfarb gesehen;
Vnd sollichs alls weret so lang
40 Biß zu der Sonnen vntergang,
Etwas vast auff ein gute stund.
Nach dem aber da eylen kund
Eine dicke schwartze Wolck erschrecket
Das ein Liecht gantz vnd gar verdecket,
45 Welches stund zu der lincken hendt.
Sampt der Sonnen schein an dem endt
Aber das ander Liecht so standt,

Der Sonnen zu der rechten Handt;
Blieb nach dem faſt ein vierteyl ſtundt
50 Mit hellem ſchein vnd leuchten kundt
Biß es von jm ſelb iſt verſchwunden
Vom Himel vnd nit mehr gefunden.
Solch wunderbare Viſion
Habn vil glaubwirdiger Perſon
55 Geſehen; glehrt vnd vngelehrt.
Warhafftigklich wie man erfehrt
Auch in dem Truck außgangen iſt.

Der Beſchluß.

¶ Hie aber merck du lieber Chriſt,
On vrſach iſt das nit geſchehen,
60 Sonder Gott hat da laſſen ſehen
Das ſein zoren iſt angezůndt
Von wegen vnſer groſſen Sůnd.
Das gwiß ſein ſtraff iſt vor der Handt,
Doch durch was weg vns vnbekandt:
65 Durch Hunger, Kriege, oder Sterben.
Auff das wir aber nit verderben,
So laſt vns würcken Frucht der Buß,
Auff das vnſer Heylandt Chriſtus
Vnſer einiger gnaden thron
70 Wöll gnädigklich abwenden thon
Gott des Vatters grimmigen Zorn,
Dieweil er doch iſt ausſerkorn
Zu eim verſöner der Chriſtenheit.
Von jetzt an, bis in ewigkeit
75 Sei ehr vnd preyß ſeim heiling Namen,
Wer das beger der ſpreche Amen.

Anno MDLVIII. Jar, Am III. Tag Februari.

VIII.

Der Neydhart mit dem Seyhel. Ein
Faßnachtspiel mit acht Perſonen zu
ſpielen.

Wer kennt die komische Geschichte Neydharts nicht? Sie hat sich in mehrfacher Form in der deutschen Literatur ein bleibendes Denkmal gesetzt. Einmal durch des Minnesängers eigene poetische Erzählung,*) dann durch die frühen Drucke, später durch das Fassnachtspiel des Hans Sachs und endlich durch Anastasius Grün's allbekannte Dichtung.**) Und wie oft hat sich sonst noch das lustige Mährlein in die Literatur eingeschlichen? Wenige Cosmographien und Chroniken allgemeinen Inhalts, wenige Schilderungen der Stadt Wien sind erschienen, in welchen die fragliche Begebenheit nicht mitgeteilt wurde, so hat sich denn die Erinnerung an Neydhart und seinen Streit mit den Bauern stets im Volke erhalten; am meisten haben aber zur Verallgemeinung des Schwankes Hans Sachs und Anastasius Grün beigetragen. Jener vor dreihundert Jahren durch das Fassnachtspiel, dieser in der Neuzeit durch seine reizvolle poetische Schilderung.

Lange war ich darüber im Zweifel, ob ich hier die dramatische Bearbeitung unseres Dichters zum Abdrucke bringen solle. Vieles sprach dafür, vieles da-

---

* S. Neidhart von Reuenthal. Herausgegeben von M. Haupt. Leipzig 1858. — Dann: Minnesänger. Deutsche Lieder-Dichter von Friedr. Heinrich von der Hagen. Leipzig. III. u. IV. Theil.

** Der Pfaff vom Kalenberg.

Dr. L. A. v. Frankl, der Herausgeber von Anast. Grüns Werken teilte mir freundlichst mit, dass Grün über die von ihm benützten Quellen leider keine Aufzeichnungen hinterlassen hat.

gegen; endlich entschied ich mich vorläufig davon
abzustehen, denn von so grossem cultur- und literar-
geschichtlichem Interesse Neidharts Dichtung und also
auch der Schwank des Hans Sachs ist, und so vielfach die Begebenheit mit der Geschichte Wiens auch
verknüpft ist, so liegt ihr doch ein historisches Moment
nicht zu Grunde, und gerade in diesem Sinne scheint
mir mein Programm bestimmte Grenzen zu ziehen.
Doch hätte ich mich auch entschlossen, diesmal aus
dem Rahmen herauszutreten, so würde wieder die Form
der Dichtung diesem Unternemen entgegen gestan-
den sein.

Ich gehöre zwar nicht zu jenen Literaturhistori-
kern, welche das deutsche Fassnachtspiel desshalb
verwerfen, weil in ihm Volkwitz und Volkshumor in
derben Worten zum Ausdrucke gelangt, ja, ich stimme
vollkommen in die Worte Karl Weinholds ein:
„Diese Witze sind derb, die Zoten unfläthig, aber
durch ihre Offenheit und Kraft weniger verderblich,
als die lüsternen Zweideutigkeiten späterer und heu-
tiger Possen und sogenannter Lustspiele." Doch hier
zwang der Stoff schon den Dichter zur freieren Sprache,
und Hans Sachs ist darin gewiss zu weit gegangen;
dass er diesen Missgriff selbst empfunden, bezeigt
der Schluss des Spiels, wo er Jäckel den Narren
sprechen lässt:

Also endt sich das Neydhart Spil,
Vnd ob wir jhm hetten zuvil
Gethan, mit wercken oder worten
Bitt wir verzeyhung an dem orten;

Wann Jäcklein vnd die Bawrn gemeyn
Die kundten nit Höflicher sein,
Redten von der sach, wie die was,
Vnd kondten nit beschneiden das,
Wie man denn jetzt zu Saßnacht thut.
Drumb bitt wir, nembt hiemit für gut,
Daß vns kein vnwil darauß wachß,
Das begern wir, mit vns Hans Sachs.

In einem Büchlein nun, das nicht für den Kreis
einiger Fachgenossen bestimmt ist, sondern welches
ein grösseres Lesepublicum zu zählen hofft, musste
diese Probe deutscher Dichterfreiheit zurückgelegt werden. Ueberdies bereitet Dr. August Silberstein eine
Charakteristik Neydharts für den Druck vor, in welcher
dem Fassnachtspiel unsers Dichters gewiss die nöthige
Aufmerksamkeit gewidmet werden wird, und ich selbst
gedenke in freien Stunden meine Materialien über den
Minnesänger zu einer biographisch-bibliographischen
Skizze zu verarbeiten, in welche der Abdruck des
Schwankes besser passt als hier, wo hauptsächlich
das historische Volkslied seine Stelle finden soll.

Hans Sachs betitelt seine Bearbeitung: „Ein
Fassnachtspiel mit acht Personen zu spielen. — Der Neydhart mit dem Feyhel" *)
und bezeichnet am Schlusse des Schwankes:

---

* Abgedruckt:
Originalausgabe v. J. 1578. Bd. IV. (3) Bl. XLIX. ff.
Kemptner Ausgabe. Bd. IV. (3) pag. 108 ff.

Die Perſonen in das Spiel.

Herzog Sriderich zu Oeſterreich	I
Eufroſina, fein Gemahel	2
Der Neydhart	3
Euphemia, fein Gemahel	4
Jäckel, Narr	5
Engelmayer,	6
Heintz Schewenfried, ⎫ drey Bawren.	7
Vla Sewfiſt, ⎭	8

Das Fassnachtspiel ist in drei Acte eingeteilt,
und nimmt im grossen Originaldrucke zwanzig Spal-
ten ein. Gleich zu Anfang tritt der Narr ein und erzählt dem Publicum in Kürze die Begebenheit:

Non ſeyt gegrüſſet all gemein,
Auff gut trawen komm wir herein
Zu machen euch ein Fröligkeit,
Dieweyl es jetzt iſt Saßnachtzeit:
Wie der Neydhart in Oeſterreich
Sund den erſten Seyhel geleich
Vnd ſtürtzt darüber feinen Hut,
Holt darzu die Hertzogin gut;
In mitler zeit, von Zeiſelmawer
Der Engelmayr, ein grober Bawer,
Den Seyhel jm abbrochen hat
Vnd jm gepferchet an die ſtat.
Als die Sürſtin den Merdrum fand
Beſtund Neydhart mit ſpot vnd ſchand.
Auch wie Neydhart dieſelben ſchmach
An diſen groben Bawren rach,

Die sich auch wider welten rechen,
Dz doch Neydhart durch list thet brechen,
Das werd jr hören vnd noch vil.
Derhalben seyt züchtig vnd still,
Vnd höret zu dem Neydhartspil.

Es ist nicht schwer der Quelle nachzugehen,
welche Hans Sachs bei der Bearbeitung des Stoffes
benützt hat; zweifellos lag dem Dichter ein alter Druck
von Neidharts Dichtungen vor, da aber das Fassnachtspiel Anno Salutis, MDLXII., Am 9 Tag Fe-
bruarij unterzeichnet ist, kann dieses nur die alte
Ausgabe aus dem XV. Jahrhunderte (s. a. e. l.) gewesen sein, denn die zweite Ausgabe erschien erst
1566 zu Frankfurt.*) Die Geschichte Neydharts wurde
übrigens gerade um jene Zeit in mehreren Chroniken
des ausführlicheren behandelt wie z. B. Bartholini
der launigen Begebenheit und Neydharts weiterem
Lebenslauf gedenkt.**)

---

* Wunderbarliche gedichte vnd Historien dess Edlen Ritters
Neidharts Fuchss, auss Meissen geboren, der Durchleuch-
tigen Hochgebornen Fürsten vnd Herrn, Herrn Otten vnd
Friderichen Hertzogen zu Osterreich seligen Diener, was
er bey seinen zeiten mit den Bawren vnd andern mehr
vollbracht vnd gestifftet hat, sehr kurtzweilig zu lesen
vnd zu singen das er auch wol der ANDER EVLENN
SPIEGEL genannt werden mag etc.

** S. Ricardi Bartholini, Hodoeporicon, sive itinerarium
Matthaei Cardin. Gurz. etc. quaeque in conventu Maximi-
liani Imp. et regum Vladislai, Sigismundi et Ludovici
memoratu digna gesta sunt. Viennae 4.° — S. a den Abdruck im Directorium historicorum medio potissimum aevi
post. Marq. Freherum Tom. II. pag. 613—673.

Hans Sachs war auch nicht der Letzte, welcher den Stoff für die Bühne bearbeitet hat; im Jahre 1795 gestaltete nämlich Salvatore Vigano aus der Begebenheit ein Ballet: „Das gefundene Veilchen", welches am 20. Juli 1795 im Kärntnertor - Theater zur Aufführung gelangte. *)

---

* S. die Recension von Leon im Wiener Theater-Almanach v. J. 1796. S. 52—76.

IX.

Hans Sachs und seine Beziehungen zur Stadt Wien.

Quellen:

Dichtungen von Hans Sachs. Herausgegeben von Goedeke und Tittmann. Leipzig 1870—71, 3 Bde.

Hoffmann J. L. Hans Sachs. Sein Leben und Wirken aus seinen Dichtungen nachgewiesen. Nürnberg 1847.

Weller E. Der Volksdichter Hans Sachs und seine Dichtungen. Eine Bibliographie. Nürnberg 1868.

Liliencron, Dr. R. Freiherr v. Die historischen Volkslieder der Deutschen.

Keller A. v. Hans Sachs. (Bibliothek des literarischen Vereines zu Stuttgart. Band 102 u. ff.)

Lützelberger. Hans Sachs. Nürnberg 1874.

Anzeiger für Kunde der deutschen Vorzeit 1867 Nr. 8, Sp. 239 f.

Die Schuld, welche das deutsche Volk an Hans Sachs abzutragen hatte, weil dieser volksthümlichste und überdies „reichste" Dichter für einige Zeit in Vergessenheit gerathen war, ist längst abgetragen. Seitdem Goethe das deutsche Lesepublicum neuerlich auf die Bedeutung des Dichters aufmerksam machte, hat sich das Interesse für ihn und seine Werke immerfort gesteigert, und die Literatur über den Poeten ist heute zu einer kleinen Bibliothek angewachsen. Die Wissenschaft hat sich der Werke des Hans Sachs besonders angenommen; man hat sie vom literar- und culturgeschichtlichen sowie vom philologischen Standpunkte aus geprüft und zergliedert, die Bibliographie hat uns ein belehrendes Bild von der Fruchtbarkeit des Meisters gegeben, eine Auswahl seiner Dichtungen ist von berufenen Männern für das grosse Publicum bearbeitet worden, eine Gesammt-Ausgabe seiner Werke für den Fachmann berechnet, erscheint unter der Redaction einer Autorität, endlich hat sich die Detailforschung wiederholt mit einzelnen seiner Dichtungen abgegeben.

An diese Denkmale reihen sich noch die Darstellungen seines Lebens und Wirkens, welche teils in selbstständiger Form erschienen, teils mit den oben bezeichneten Forschungen verbunden sind.

Das Standbild, welches dem Meister in Nürnberg gesetzt wurde, der grosse Anteil, welchen die deutsche Forschung an seinen Werken genommen,

bezeugen eben die Wertschätzung des deutschen
Volkes. Die Schuld ist abgetragen, denn, gleichwie
der Dichter vor dreihundert Jahren zum Volke gesprochen, so spricht er heute wieder zu uns, seine
Dichtungen sind unser Gemeingut geworden, und er
darf nicht befürchten, jemals wieder in Vergessenheit
gerathen zu können.

Es kann eben desshalb, weil das Leben und die
Thätigkeit des Dichters von Fachmännern schon ge-
nügend gezeichnet wurde, nicht die Aufgabe dieses
Büchleins sein, die äusseren Lebensverhältnisse des
Hans Sachs hier darzustellen, vielmehr sollen hier die
Beziehungen des Meisters zur Stadt Wien nochmals
und zwar im Zusammenhange seiner sonstigen litera-
rischen Thätigkeit dargelegt werden.

Hans Sachs ist bekanntlich zu Nürnberg am
5. November 1494 geboren; sein Vater, welcher das
Schneiderhandwerk ausübte, liess ihn in Nürnberg die
Schule besuchen, wo er Grammatik, Rhetorik, Musik,
Logik, Arithmetik und Astronomie erlernte; bis zum
Jahre 1511 verweilte er dortselbst, um welche Zeit
er bei einem nürnberger Schuhmacher in die Lehre
trat. Zwei Jahre darauf verliess er die Stadt, um sich
auf die Wanderschaft zu begeben. Er nennt die Städte
selbst alle, die er besucht hat; es sind Orte in Franken, Baiern und den Rheingegenden, auch nach Ober-
österreich, Salzburg und Tirol ist er gekommen; von
Wien spricht er nicht. Nach der Wanderschaft kehrte
er nach Nürnberg zurück, wo er im Jahre 1519 Kune-
gund, die Tochter des Peter Kreuzer zu Wendelstein
ehelichte, mit welcher er bis zum Jahre 1560, ihrem

Todesjahre, glücklich lebte. Nicht lange blieb er Witwer, denn er vermählte sich Anfangs September 1561 mit der siebzehnjährigen Barbara Haescherin. In der Nacht vom 19. zum 20. Jänner 1576 beschloss der Meister sein bewegtes Leben und am 25. Januar wurde er begraben.

Die Wiener Localsage berichtet, dass Hans Sachs auf seiner Wanderschaft auch Wien besucht habe, ja sie bezeichnet sogar einen noch vor wenigen Jahren bestandenen Schuhmacher-Laden im ehemaligen Stroblkopfgässchen als die Stätte, wo der Meister gearbeitet habe. Es ist überflüssig der Quelle dieser Sage nachzuspüren, denn das Volk liebt es nun einmal berühmte Männer des Auslandes mit der Geschichte seiner Stadt in Verbindung zu bringen und von deren Aufenthalt zu erzählen. Mythische Persönlichkeiten und Abenteurer geniessen in diesem Sinne eine Bevorzugung; Gelehrten, Dichtern oder Künstlern begegnet solche Ehre wol seltener. Dass Hans Sachs zu diesen Günstlingen zählt, darf uns nicht verwundern, denn er gewann die Sympathien des Volkes durch seine Doppelstellung, weil er Dichter und Handwerker war, und blieb. Dadurch legte sich der Zauber des Aussergewöhnlichen über seine Person und diesem dankt er zunächst, dass sich die locale Volkssage mit ihm beschäftigte. Das Räthsel, dass die Sage mit Bestimmtheit seinen Wohnort angiebt, löst sich aber sehr leicht. Jener Schuhmacher-Laden führte nämlich in den Jahren 1790 bis 1820 das Schild: „Zum Hans Sachs“.

Doch die Anname, der Meister habe in Wien einige Zeit verweilt, hat sich auch noch weiter ein-

gebürgert, und zwar stützen sich ihre Vertheidiger auf
die Einleitung des launigen Gedichtes „Von dem ver-
lornen redenden Gulden", wo Hans Sachs erzählt:

„Als ich wandert von Nürnberg
Gehn Wien unnd kam zum Kalenberg,
Von dem ich inn mein jungen tagen
So mancherley het hören sagen
Nemblich, das darauff wer ein schloß
Von Heyden erbawt, starck und groß
Doch yetzund öd, zum thail zerstört, ·
Darinn man etwan sech und hört
Seltzam gespenst und Santasey.
Weil ich so nahend war darbey,
Gieng ich hinauff in das alt gemewer
Dar mir die selzamst abentheur
Zustund."

Aus diesen Worten nun den Aufenthalt des Meisters in Wien sicherstellen zu wollen ist zu gewagt;
Hans Sachs liebt es eben vielen seiner Erzählungen
den Schein des persönlich Erlebten zu geben, und in
diesem Sinne hat er auch hier die Beschreibung des
Schlosses auf dem Kahlenberge eingeflochten. „Ebenso
wenig ist aus einem Schwank, „von den Ursprung des
weihwassers", den er aus dem Munde eines alten
„Curtisans" zu Rom vernommen haben will, eine Rom-
fahrt des Dichters abzuleiten. Die Erzählung fand hier
eben den angemessenen Hintergrund, wie denn auch
in gleicher Weise in einem „Kampfgesprech zwischen
wasser und wein", in welchem Neptunus und Bachus
redend auftreten, Genua den Schauplatz bildet, wo der
Dichter in einer Rebenlaube das Gespräch der Götter

belauscht haben will." Es sprechen aber noch weitere
Gründe gegen die Annahme eines Aufenthaltes in
Wien, so hauptsächlich jener, dass er in keiner seiner
Dichtungen zur Geschichte dieser Stadt irgendeine
Bemerkung einflicht, welche seine persönliche Be-
kanntschaft mit ihr voraussetzen lässt. In allen Dichtungen zeigt sich ein mitunter ängstliches Festhalten
an die ihm gerade vorliegende Quelle, das ihn an
einer freieren Behandlung hindert, und doch müsste
diese eintreten, wenn er nach eigenen Beobachtungen
und Erlebnissen zu schildern vermöchte. Diese Hemm-
nis macht sich besonders im Lobspruch der Stadt
Wien bemerkbar, in welchem der Meister uns überhaupt den Beweis erbringt, dass er die Stadt, welche
er eben beschreibt, nicht auch selbst gesehen hat,
denn unmöglich hätte er sonst zu einer Schilderung
als Quelle greifen können, die hundert Jahre vorher
geschrieben wurde, und durch ihre wiederholten Um-
arbeitungen vielfach entstellt, dem Wien seiner Zeit
nicht mehr glich. Würde Hans Sachs die Stadt gesehen
haben, so musste er auch bemerken, wie wenig die
Beschreibung des Aeneas Sylvius d. h. der Frank'-
schen Chronik den damaligen Verhältnissen mehr ent-
sprach, und er würde aus seinen Erinnerungen ein
farbenreicheres Bild der Stadt gestaltet haben.

Nach fünfjähriger Abwesenheit kehrte der Dichter
1516 von der Wanderschaft wieder nach Nürnberg
zurück, wo er nun bald im socialen wie im religiösen
Leben eine Rolle zu spielen begann.

Sein religiöser Standpunkt ist zu sehr bekannt,
als dass er hier besonders gezeichnet zu werden

brauchte. Er war ein treuer Anhänger und eifriger Förderer der neuen Lehre, die in ihm nebst Luther ihren bedeutendsten Vertheidiger fand. Das intime Freundschaftsverhältnis zwischen dem Dichter und dem Formschneider, wie Buchdrucker Hans Guldenmundt, das ich schon früher (Abschnitt V.) angedeutet habe, findet durch eine Publication religiösen Inhaltes ihre volle Bekräftigung, durch das vielfach bekannte Büchlein: „Eyn wunderliche Weyssagung, von dem Babstumb, etc. Mit gutter verstendtlicher ausslegung, durch gelerte leut, welche Hans Sachs yn teutsche Reymen gefasst, und darzu gesetzt hat gen MDxxvij Jar", zu welchem der Prediger Ossiander eine Vorrede schrieb, der Formschneider Guldenmundt aber die Bilder und den Druck besorgte. Das Schicksal des Buches ist bekannt: Ossiander erhielt eine Verweisung vom Stadtrathe, unser Dichter die ernstliche Mahnung, dass er künftig „des Handwerkes und Schuhmachens warte, sich auch enthalte, einig Büchlein oder Reimen hinführo ausgehen zu lassen"; Guldenmundt aber musste alle vorräthigen Exemplare und die Holzstöcke auf das Rathhaus abliefern. Das Schicksal einer solchen Confiscation, die sich sogar auf die Formen ausdehnte, traf Guldenmundt übrigens noch öfter, so, wie ich bereits (S. 30) mitteilte, wegen eines Bildes der Wiener Türkenbelagerung und dann später wegen einiger Werke Dürer's, die er widerrechtlich nachgeschnitten hatte. So hart nun das Schicksal des gemeinsamen Unternemens auch war, weder den Dichter noch den Illustrator vermochte es einzuschüchtern, auch an dem Freundschaftsverhältnis vermochte es Nichts zu ändern, wie uns die zahlreichen Publicationen des Hans Sachs beweisen, die noch ferner in Guldenmundts Officin gedruckt wurden.

Wie Hans Sachs in religiöser Hinsicht fest an der Seite seines Volkes stand, so auch in politischer; er rief in seinen Gedichten sowol gegen die Türken wie gegen die Franzosen ins Feld und zeigte sich auch stets als treuer Anhänger des Kaisers.

Die Belagerung der Stadt Wien durch die Türken im Jahre 1529 musste ihn natürlich ganz besonders anziehen und so verfasste er die zwei hier abgedruckten Gedichte, durch welche er seiner Neigung zu dieser Stadt ebenso deutlich Ausdruck gab, als seiner Entrüstung über die Gräuelthaten der Türken. Auch in den Versen, welche er zu den Holzschnitten des Guldenmundt und des Meldemann schrieb, bezeugt er diese Entrüstung neuerlich. Leider werden wir ein vollständiges Bild von dem Umfange und der Bedeutung dieser fliegenden Blätter wol kaum mehr erlangen können, weil sich die einzelnen in der Grösse und dem Charakter des Schnittes ganz ähnlichen Suiten: das türkische Heer, die Belagerer, die Vertheidiger Wiens, die deutschen Soldaten und die deutschen Handwerker immer vermengen werden.

Weit mehr als früher beschäftigte den Dichter der neuerliche Einfall der Türken im Jahre 1532. In dem prächtigen Gedichte „Wider den blutdürstigen Türken" (Regenspurg durch Hansen Kholl) ruft er das ganze Deutschland ins Feld wider den türkischen Erbfeind, der nun wieder hereingebrochen ins Ungerland, bereits siebzig Dörfer zerstört habe,

„Und tut ſtets fürbas ſtreifen
im ganzen lant herauf
Und iſt noch weiter greifen,
und wo der gwaltig hauf
Eilends hernach wirt rücken
als er auch vormals hat
beweißt mit hintertücken,
zu Wienn vor der ſtat.‘‘

So ruft er denn den Kaiser, den Bund in Schwaben, die deutschen Fürsten, die Landherren und Grafen, die ganze Ritterschaft deutscher Nation, den Adel,
die Bischöfe und Prälaten, die Haubtleute, Büchsenmeister, Büchsenschützen, Landsknechte und Bauern
zum eifrigen Widerstand gegen den Türken auf.

In einem anderen Gedichte: „Ein klag zu got
uber die grausam wüterei des grausamen Türken‘‘,
welches auch als Einzeldruck erschien, und worin er
gegen die Türken ruft, hat er auch noch einmal an
die Belagerung Wiens erinnert, wie, um dadurch die
namenlose Gefahr recht deutlich zu zeigen, welcher
die gesammte Christenheit entgegensieht. Als der Feldzug schon beendet war, am 28. Dezember 1532, hat
Hans Sachs noch ein Gedicht geliefert, das für uns
entfernteres Interesse hat, eine „Hystoria des Türkischen Scharmützels, bey der Newen Stat in Oesterreich
Anno 1532‘‘, dessen Abdruck ich hier aus naheliegen-
den Gründen unterlassen musste, das ich aber an anderer Stelle nebst der Quelle publicieren werde.

Diese historischen Dichtungen zeigen, wie sehr
Hans Sachs mit der Broschürenliteratur vertraut war,
beinahe kein Ereignis, war es nun ein politisches oder

ein elementares, gieng vorüber, ohne dass es ihm bekannt wurde; freilich kam ihm hier sehr zu Statten,
dass Nürnberg damals ein Hauptort des buchhändle-
rischen Vertriebes dieser Gattung der Literatur war.
So darf es uns auch nicht wundern, dass er ein gerade nicht sensationelles Ereignis, wie die Himmelserscheinung vom Jahre 1557 in Versen erzählt hat.
Er verarbeitete eben alle interessanten Begebenheiten,
welche ihm durch gleichzeitige Zeitungen bekannt
wurden. Thatsächlich vermag ich für die Periode seines Schaffens kein Ereignis von einiger Bedeutung in
Wien mehr aufzuzählen, das durch den Druck weiter
bekannt geworden oder nicht schon von anderen Poeten
bearbeitet worden wäre, ein Factum, das ebenso gut
Zufall, als die Versicherung sein kann, dass er die
ganze damalige Broschüren-Literatur vollkommen be-
herrschte.

Doch nicht allein die Tages-Literatur hatte er
inne, auch Werke aus allen Zweigen der Wissenschaft
studierte er emsig. Von dem eifrigen Studium, welches
er der religiösen Literatur widmete, soll hier nicht
gesprochen werden, dagegen verdient seine sonstige
Lectüre die grösste Beachtung. Boccacio's Decamerone
hatte er in Steinhöwels Uebersetzung schon von der
Wanderschaft mitgebracht; später lernte er noch desselben Autors Bücher von den berühmten Frauen und
vom Glückswechsel kennen. „Von da an erweiterte sich
der Kreis seiner Quellen immer mehr. Die Autoren des
Alterthums wurden in guten Uebersetzungen zugäng-
lich und von dem unermüdlichen Dichter ausgenützt.
Neben den griechischen und römischen Geschicht-

schreibern Plutarch, Herodot, Xenophon, Herodian, Josephus, Livius, Valerius, Maximus, Justin und Suetonius, las er auch neuere, die Chroniken des Seb. Franck, die augsburger, nürnberger von Schedel und die nordische Geschichte von Alb. Cranz in Eppendorffs Uebersetzung. Auch Reisebeschreibungen wie Schilterberger, Montevilla und Vartoman lernte er kennen und sammelte er, daneben andere Autoren des Alterthums Ovid, Homer, Apulejus, Plinius, Diodor in Herrolds Bearbeitung, und die Anthologie des Stobäus von Frölich übertragen, daneben vernachlässigte er die sogenannte Volksliteratur nicht. Er kannte den „Bidpai", die Fabeln des Cyrill, die „Mörin" von Hermann von Sachsenheim, den „Herzog Ernst", „Tristan und Isolde", Pauli's „Schimpf und Ernst" und „Eulenspiegel". Die reine Freude, die ihn erfüllte, wenn er ein neues stoffhaltiges Buch kennen lernte, zeigt sich in der Lebhaftigkeit, mit der er daraus schöpfte." Hans Sachs schliesst sich überhaupt eng an seine Quelle, ja in vielen Sätzen behält er sogar die Worte des Originales bei, desshalb wäre es sehr interessant gewesen, hier nebst den Dichtungen auch die Quellen zum Abdrucke zu bringen, was aber die Grenzen meines Unternemens weit überschritten hätte. Sehr selten gestattet sich auch der Dichter dem quellenmässigen Stoffe noch Bereicherungen anzufügen; eine Ausname von dieser Regel macht gerade sein Fassnachtspiel „Vom Neydhart mit dem Feyhel", in welches er das, später von Orlando Lassus compouirte Volkslied:

„Der Maien, der Maien,
der bringt uns Bluemlein viel"

einlegt. Dieses Fassnachtspiel geniesst auch sonst noch
eine Ausnamsstellung, indem der Dichter hier zum
ersten Male und gegen seine sonstige Regel, die weder
für den Spielenden noch für den Zuschauer einen Ruhe-
punkt gestattet, den Schwank in Acte teilt, hauptsächlich wol wegen des aussergewöhnlichen Umfanges
des Stückes.

Solche Detailstudien, wie die vorliegende, schei-
nen nun sehr dazu geeignet die Bedeutung des Meisters sicherzustellen, denn obwol er in vielen Fällen
die Quellen seiner Dichtungen selbst angiebt, ist der
Umfang seiner Lektüre doch noch viel zu wenig bekannt. Der Literarhistoriker kann sich hierin eine voll-
ständige Ueberzeugung nicht verschaffen, da ihm ja
die specielle Literatur nicht bekannt ist, nur durch
die Detailforschung, durch das Sicherstellen all' jener
Werke und Broschüren, aus welchen er seine poetischen Darstellungen geschöpft hat, kann der Kreis
seiner Lektüre ermessen werden. In diesem Sinne
glaube ich nun, dass diese Arbeit auch für den Literarhistoriker und den Biographen des Dichters an
Interesse gewinnt, indem sie einen kleinen Beitrag
zur weiteren Kenntnis der von ihm benützten Quellen
erbringt.